Direito Processual do Trabalho

Conforme a Reforma Trabalhista da Lei n. 13.467/2017 e a IN n. 41/2018 do TST

Gleibe Pretti

Bacharel em Direito pela Universidade São Francisco.
Pós-Graduado em Direito Constitucional pela UNIFIA.
Pós-graduado em Direito e Processo do Trabalho pela UNIFIA.
Mestre pela Universidade de Guarulhos – UnG/Univeritas.
Doutorando pela Universidade São Caetano do Sul – USCS.
Advogado e Perito Judicial.
Editor-Chefe da Revista Educação da Universidade de Guarulhos.
Autor de diversas obras na área trabalhista.
Membro da comissão de Graduação e Pós-graduação da OAB-SP.

Direito Processual do Trabalho

Conforme a Reforma Trabalhista da Lei n. 13.467/2017 e a IN n. 41/2018 do TST

LTr®

LTr®
EDITORA LTDA.

Rua Jaguaribe, 571
CEP 01224-003
São Paulo, SP — Brasil
Fone: (11) 2167-1101
www.ltr.com.br
Julho, 2019

Projeto Gráfico e Editoração Eletrônica: Peter Fritz Strotbek – The Best Page
Projeto de Capa: Fabio Giglio
Impressão: PSP Digital

Versão impressa: LTr 6174.7 — ISBN 978-85-361-9960-3
Versão digital: LTr 9579.6 — ISBN 978-85-301-0060-5

Dados Internacionais de Catalogação na Publicação (CIP)
(Câmara Brasileira do Livro, SP, Brasil)

Pretti, Gleibe

Direito processual do trabalho : conforme a reforma trabalhista da Lei n. 13.467/2017 e a IN n. 41/2018 do TST / Gleibe Pretti ; com prefácio de Marcos da Costa, Eudécio Teixeira Ramos. — São Paulo : LTr, 2019.

Bibliografia.
ISBN 979-85-361-9960-3

1. Direito processual do trabalho - Brasil 2. Justiça do trabalho — Brasil 3. Reforma constitucional - Brasil 4. Trabalho - Leis e legislação — Brasil I. Costa, Marcos da. II. Ramos, Eudécio Teixeira. III. Título.

19-23242 CDU-347.9:331(81)

Índice para catálogo sistemático:

1. Brasil : Direito processual do trabalho 347.9:331(81)

Cibele Maria Dias - Bibliotecária - CRB-8/9427

Sumário

Apresentação

É com muito prazer e honra que aceitei ao convite do Prof. Me. Gleibe Pretti para prefaciar a obra *Direito Processual do Trabalho*, conforme a recente reforma trabalhista. O autor e a editora oferecem ao público, principalmente aos advogados da área, um excelente trabalho a respeito de toda a atividade trabalhista processual, desde a apresentação do modelo judiciário trabalhista brasileiro até, em detalhes, os trâmites processuais atualizados ao contexto da nova reforma. A ótima didática do Professor e a relevância do tema fazem essa obra muito oportuna.

Neste livro o leitor irá encontrar de forma detalhada cada etapa do processo trabalhista. O autor explana desde como é dada a jurisdição e a competência do processo, perpassando pelo rito, audiência e sentença. O que enriquece a leitura é a forma didática e minuciosa com a qual o Professor discorre sobre o assunto, elucidando definições de termos e procedimentos, bem como o embasamento com artigos e discussões de caminhos possíveis. É evidente o conhecimento inesgotável do autor nas matérias resultantes das práticas cotidianas.

Esta obra é fruto da célebre trajetória e trabalho do Professor Gleibe Pretti. Formado em Direito pela Universidade São Francisco, com duas pós-graduações, um mestrado pela Universidade de Guarulhos e doutorando pela Universidade São Caetano do Sul, Dr. Gleibe está constantemente enriquecendo e aprimorando seus conhecimentos, além de compartilhá-los com seus colegas de profissão ou interessados na área. Sua competência e autonomia na matéria são qualidades raras no exercício do Direito. Autor de notáveis publicações no âmbito trabalhista, como o *Manual de Direito Processual do Trabalho*, Gleibe está constantemente contribuindo com os estudos e aperfeiçoamentos no assunto. Recentemente vem realizando um trabalho brilhante de atualização e esclarecimento advindos da nova reforma trabalhista — atendendo ao clamo de estudantes e profissionais da área — com diversas publicações e artigos.

Portanto, o presente livro trata-se de uma obra de fôlego na qual o Professor Gleibe Pretti discorre com maestria sobre Direito Processual do Trabalho. Ela é completa e digna de todas as adulações. Escrita com uma linguagem apurada, porém acessível a todos os potenciais leitores. Uma publicação que se faz útil nos dias atuais e que recomendo aos estudantes de direito, advogados em exercício, membros do Ministério Público e da Magistratura, bem como àqueles que se interessam de alguma maneira pela área processual trabalhista.

Sinto-me extremamente gratificado com o convite de prefaciar este livro, fruto de um trabalho árduo em prol do aprimoramento da advocacia, escrito por um amigo querido. Tenho grande admiração pelo trabalho realizado pelo Dr. Gleibe e pela sua dedicação para com o Direito. Fico honrado em poder fazer parte deste momento.

Eudécio Teixeira Ramos
Presidente da Ordem dos Advogados do
Brasil 104ª Subseção – Itaquera (2010 – 2018)

Prefácio

Desafios de uma Sociedade Complexa

A lista de desafios para a advocacia brasileira avança progressivamente ao longo de nossa História. Em momentos que exigem repensar o país e suas estruturas, como diversas vezes ocorreu no Brasil, nós, advogados e advogadas, temos uma enorme responsabilidade em mais de uma frente: Seja ao contribuir com o debate a respeito da construção ou reformulação de regramentos, seja ao aplicá-los no dia a dia de uma sociedade cada vez mais complexa.

Diante de tal realidade desafiadora, quando reedificamos visões e os termos que conduzem a base das relações sociais, não podemos deixar de lado a atualização constante na carreira. É absolutamente imperativa para que a advocacia exerça bem o seu papel. Na área trabalhista, a classe é o pilar da Justiça que se preocupa com o social na luta cotidiana em prol de um ambiente mais justo e equilibrado entre o capital e o trabalho, atuando estrategicamente para que empregadores e trabalhadores alcancem, cada um, os seus objetivos.

Nesse segmento do Direito, sobretudo, há mais um aspecto a não se perder de vista. O advogado, ou a advogada, muitas vezes, é o último refúgio daqueles que não têm voz. O profissional costuma se tornar, em diversas situações, um confidente, uma esperança. Apesar dos percalços enfrentados diariamente, a advocacia deve ter plena consciência de seu senhor para o aperfeiçoamento da democracia, sendo sua abnegada atuação uma garantia do princípio constitucional da valorização social do trabalho.

Marcos da Costa
Presidente da OAB-SP

Introdução

Nesta singela obra, vamos abordar de forma clara e direta, os principais temas de direito processual do trabalho, após a reforma trabalhista de 11.11.2017 e a IN n. 41 do TST.

Note-se, ao final, que faremos alguns resumos-esquemas de estudo e fixação da matéria, assim, o assunto, muitas vezes árduo, ficará mais fácil na sua fixação.

Vamos dar ênfase na fase de conhecimento (desde reclamação trabalhista até o recurso extraordinário); sobre execução, deixaremos para outro momento, em outra obra.

Diante disso, vamos nos atualizando com a quantidade de informação, assim como as novidades na seara obreira.

Bons estudos,

Prof. Me. Gleibe Pretti

1

Entendimento Básico do Judiciário Trabalhista no Brasil — Visão Constitucional

Com a reforma trabalhista, o Judiciário irá determinar, através de súmulas e OJs, acerca do novo Processo do Trabalho.

Para o nosso estudo, a leitura dos artigos e a aplicação prática da lei são suficientes. Mas, a análise com os novos julgados que aparecerão é imprescindível!

O profissional, antes de ingressar com qualquer pedido no Poder Judiciário, deve conhecer quais os órgãos que irá trabalhar. Vamos fazer a análise dos mesmos.

1. Organização da Justiça do Trabalho

O art. 111 da Constituição Federal estabelece que são órgãos da Justiça do Trabalho: o Tribunal Superior do Trabalho, os Tribunais Regionais do Trabalho e os Juízes do Trabalho. Conforme se verifica, a norma constitucional vigente revogou as disposições do art. 644 da CLT na parte que se refere a Varas do Trabalho ou Juízos de Direito.

Tribunal Superior do Trabalho

A Justiça do Trabalho, desde 1946 quando passou a integrar o Poder Judiciário, é estruturada da mesma forma com três graus de Jurisdição, sendo certo que desde seu início o Tribunal Superior do Trabalho é o órgão de cúpula da Justiça do Trabalho, com sede em Brasília e jurisdição em todo o território nacional.

A Resolução Administrativa n. 1.295/2008 (RI) subdivide o TST da seguinte forma: Tribunal Pleno, Órgão Especial, Seção Especializada de Dissídios Coletivos, de Dissídios Individuais e oito Turmas.

Composição – O art. 111 da Constituição Federal, com a nova redação que lhe foi dada pela Emenda Constitucional n. 45/2004, estabelece que:

> O Tribunal Superior do Trabalho compor-se-á de vinte e sete Ministros, escolhidos dentre brasileiros com mais de trinta e cinco e menos de sessenta e cinco anos, nomeados pelo Presidente da República após aprovação pela maioria absoluta do Senado Federal, sendo:

I – Um quinto dentre advogados com mais de dez anos de efetiva atividade profissional e membros do Ministério Público do Trabalho com mais de dez anos de efetivo exercício, observado o disposto no art. 94;

II – Os demais dentre juízes dos Tribunais Regionais do Trabalho, oriundos da magistratura da carreira, indicados pelo próprio Tribunal Superior.

§ 1º A lei disporá sobre a competência do Tribunal Superior do Trabalho.

§ 2º Funcionarão junto ao Tribunal Superior do Trabalho:

I – A Escola Nacional de Formação e Aperfeiçoamento de Magistrados do Trabalho, cabendo-lhe, dentre outras funções, regulamentar os cursos oficiais para o ingresso e promoção na carreira;

II – O Conselho Superior da Justiça do Trabalho, cabendo-lhe exercer, na forma da lei, a supervisão administrativa, orçamentária, financeira e patrimonial da Justiça do Trabalho de primeiro e segundo graus, como órgão central do sistema, cujas decisões terão efeito vinculante.

O Tribunal Superior do Trabalho tem suas normas estabelecidas no seu Regimento Interno que prevê no art. 61 os órgãos que compõem o próprio TST, a saber: Tribunal Pleno, Seção Administrativa, Seção Especializada em Dissídios Coletivos (SEDC), Seção Especializada em Dissídio Individual (SEDI) subdividida em SEDI-1 e SEDI2, e Turmas.

Integram o Tribunal Superior do Trabalho os juízes da carreira da Justiça do Trabalho, vindos dos Tribunais Regionais do Trabalho, os membros do Ministério Público e os da Advocacia que compõem o quinto constitucional, indicados por lista sêxtupla pelos órgãos de representação da respectiva classe, reduzida a três nomes pelo TST e finalmente escolhido pelo Presidente da República.

Tribunal Pleno

O Tribunal Pleno (TP) é constituído pelos Ministros da Corte, não participando das sessões solenes e das sessões ordinárias ou extraordinárias os juízes convocados (art. 64, *caput*).

Seção Administrativa (Especial)

A Seção/Administrativa (AS) é composta de 7 (sete) Ministros, devendo ser integrada pelo Presidente e o Vice-Presidente do Tribunal, pelo Corregedor-Geral, pelos dois Ministros eleitos pelo Tribunal Pleno. Os Ministros integrantes da Seção Administrativa comporão também outras seções do Tribunal. O quórum para funcionamento da Seção Administrativa é de 5 (cinco) Ministros (art. 65, RITST).

Seção Especializada em Dissídios Coletivos

A Seção Especializada em Dissídios Coletivos (SDC) é composta de 9 (nove) Ministros, devendo ser integrada pelo Presidente do Tribunal, pelo Vice-Presidente, pelo Corregedor-Geral e pelos 6 (seis) Ministros mais antigos. Os Ministros do SDC integrarão também outras Seções do Tribunal. O quórum para funcionamento é de 6 (seis) Ministros (art. 66, RITST).

Tribunais Regionais do Trabalho

Os Tribunais Regionais do Trabalho estão previstos no art. 115 da Constituição Federal, compõem-se de, no mínimo, sete juízes, nomeados pelo Presidente da República entre brasileiros com mais de 30 e menos de 65 anos, recrutados, quando possível, na respectiva região, sendo um quinto entre advogados e membros do Ministério Público do Trabalho e o restante entre juízes do trabalho promovidos por antiguidade e por merecimento.

Em relação à fixação do número dos juízes nos Tribunais Regionais, a Constituição Federal, na redação dada pela EC n. 45/2004 ao inciso XIII do art. 93, estabelece que em todo o poder Judiciário, "o número de juízes na unidade jurisdicional será proporcional à efetiva demanda judicial e à respectiva população".

A Emenda Constitucional n. 45/2004, com a finalidade de assegurar o acesso à justiça, estabeleceu a criação da Justiça Itinerante para a realização de audiências e o exercício de outras funções da atividade jurisdicional nos limites da jurisdição e a descentralização dos Tribunais, constituído em câmaras regionais assegurando o acesso dos jurisdicionados em todas as fases do processo, principalmente em locais em que ainda não há Tribunais Regionais do Trabalho, como nos estados do Acre, Tocantins, Amapá etc.

Juízes do Trabalho

A Constituição Federal no art. 116, com a redação dada pela Emenda Constitucional n. 24/99, deixou certo que as Varas do Trabalho serão compostas de juiz singular, dispondo:

> "Art. 116. A lei criará varas da Justiça do Trabalho, podendo, nas comarcas não abrangidas por sua jurisdição, atribuí-la aos juízes de direito, com recurso para o respectivo Tribunal Regional do Trabalho."

Na estrutura da Justiça do Trabalho, as Varas do Trabalho estão equiparadas hierarquicamente, não existindo distinções. Todas integram a primeira instância.

Ainda em relação aos juízes do trabalho, o Superior Tribunal de Justiça na Súmula n. 10 entende que, instalada a Vara do Trabalho, cessa a competência do juiz de direito em matéria trabalhista, inclusive para a execução das sentenças por estes proferidas.

O art. 113 da Constituição Federal determina que a lei disponha sobre a constituição, investidura, jurisdição, competência, garantias e condições de exercício dos órgãos da Justiça do Trabalho.

Em consonância com este dispositivo foi editada a Lei n. 10.770/2003, que estabelece que cada Tribunal Regional do Trabalho no âmbito de sua região, mediante ato próprio, pode estabelecer e alterar a jurisdição das varas, bem como transferir-lhes a sede de um município para outro de acordo com a necessidade de agilizar a prestação jurisdicional trabalhista.

A Lei n. 6.947/81 dispõe que a competência da Vara do Trabalho estende-se aos municípios próximos num raio máximo de 100 quilômetros da sede, desde que existam meios de acesso e de comunicação regular com os referidos locais.

Órgãos auxiliares

São órgãos auxiliares as secretarias, Oficiais de Justiça Avaliadores, distribuidor, contadoria.

Cada vara na Justiça do Trabalho terá uma secretaria, que também existirão nos Tribunais (aos conhecidos "cartórios" judiciais da Justiça Comum, na Justiça do Trabalho chamam-se "secretarias").

Na Justiça do Trabalho os Oficiais de Justiça são chamados Oficiais de Justiça Avaliadores, pois além de citarem para pagamento, fazem a penhora e a avaliação dos bens penhorados. Segundo disposto no art. 721, § 2º, da CLT, o prazo para cumprimento dos mandados é de nove dias e a avaliação deve ser feita no prazo de dez dias (§ 3º do mesmo artigo). Na falta ou impedimento do Oficial de Justiça Avaliador, o Juiz da Vara poderá atribuir a realização do ato a qualquer serventuário (art. 721, § 5º, da CLT).

Contadoria é o órgão auxiliar da justiça, o qual tem a responsabilidade de efetuar os cálculos aritméticos das causas em geral, do principal e juros das condenações e qualquer cálculo determinado pelo juiz.

Na opinião de Amauri Mascaro Nascimento, o "Tribunal Superior do Trabalho é organizado com base nas seguintes regras: a) Divisão dos seus órgãos escalonados para fins jurisdicionais, cumprimento do princípio do duplo grau de jurisdição e divisão do trabalho; b) Quatro tipos de competência: Originária quando o processo tem início perante o órgão, recursal quando o órgão atua como instância revisora de decisão proferida por órgão anterior, competência em única instância em alguns casos e competência funcional dos seus membros definidas pela lei e pelo Regimento interno; c) Composição: Togada com o quito constitucional com juízes provenientes das classes de advogados e do Ministério Público do Trabalho, das quais se desligam, passando a integrar a magistratura; e d) Escolha dos magistrados de carreira entre os juízes dos Tribunais Regionais do Trabalho".

2. Competência da Justiça do Trabalho

A jurisdição, assim entendido o poder/dever do estado de dizer o direito no caso concreto, é una e indivisível.

A jurisdição atua quando se tem a violação dos direitos assegurados pelas normas jurídicas (Direito Objetivo) em função de um conflito de interesses, ou seja, pressupõe a aplicação da lei ao caso concreto. O legislador cria o Direito Objetivo, enquanto a jurisdição aplica a norma abstrata ao caso concreto, atuando na pacificação dos conflitos de interesses.

No entanto, a determinação da esfera de atribuição dos órgãos encarregados do exercício da jurisdição chama-se "competência".

Conceito – Competência é a parcela de jurisdição atribuída a cada juiz.

A competência costuma ser analisada sob os seguintes ângulos: competência material, competência em razão de lugar e competência hierárquica ou funcional.

A jurisdição, como expressão do poder estatal, é uma só. Cada juiz ou tribunal é investido da jurisdição. Porém, o seu exercício é distribuído, pelas normas constitucionais e ordinárias, para vários órgãos jurisdicionais. Essa distribuição se faz em função de vários critérios. De acordo com esses critérios, o órgão jurisdicional poderá exercitar a sua jurisdição em função de determinados limites, ou seja, grupo de litígios. Portanto, vamos conceituar competência como a "quantidade de jurisdição cujo exercício é atribuído a cada órgão ou grupo de órgãos".

Oreste Dalazen ensina que Chiovenda agrupou em 3 (três) os critérios determinantes da competência: Objetivo, funcional e territorial: "Pelo critério objetivo, se fixa a competência ou pelo valor da causa (competência por valor), ou da natureza da causa (competência por matéria)".

A competência em razão de matéria é fixada levando em conta o tipo de questão, ou a matéria, que pode ser suscitada aos órgãos da Justiça do Trabalho, e vem definida no art. 114 da Constituição Federal, que assim dispõe:

> Art. 114. Compete à Justiça do Trabalho processar e julgar:
>
> I – As ações oriundas da relação de trabalho, abrangidos os entes de direito público externo e da administração pública direta e indireta da União, dos Estados, do Distrito Federal e dos Municípios;
>
> II – As ações que envolvam exercício do direito de greve;
>
> III – As ações sobre representação sindical, entre sindicatos, entre sindicatos e trabalhadores, e entre sindicatos e empregadores;
>
> IV – Os mandados de segurança, *habeas corpus* e *habeas data*, quando o ato questionado envolver matéria sujeita à sua jurisdição;
>
> V – Os conflitos de competência entre órgãos com jurisdição trabalhista, ressalvado o disposto no art. 102, I, *o*;
>
> VI – As ações de indenização por dano moral ou patrimonial, decorrentes da relação de trabalho;
>
> VII – As ações relativas às penalidades administrativas impostas aos empregadores pelos órgãos de fiscalização das relações de trabalho;
>
> VIII – A execução, de ofício, das contribuições sociais previstas no art. 195, I, *a*, e II, e seus acréscimos legais, decorrentes das sentenças que proferir;
>
> IX – Outras controvérsias decorrentes da relação de trabalho, na forma da lei.

A seguir vamos analisar todas as ações que devem ser processadas e julgadas pela Justiça do Trabalho:

> I – as ações oriundas da relação de trabalho, abrangidos os entes de direito público externo e da administração pública direta e indireta da União, dos Estados, do Distrito Federal e dos Municípios;

A competência em razão de matéria foi reformulada inteiramente pela Emenda Constitucional n. 45/2004 trazendo para o âmbito de atuação da Justiça do Trabalho todas as "ações oriundas da relação de trabalho", expressão muito mais ampla do que relação de emprego.

Relação de trabalho pode ser conceituada como todo o contrato de atividade em que o prestador do serviço seja pessoa física, abrangendo eventual, autônomo, voluntário, estagiário e também todos os contratos de prestação de serviços regulado pelos arts. 593 a 609 do novo Código Civil.

Discute-se em doutrina se a competência material da Justiça do Trabalho abrangeria as ações decorrentes da relação de consumo, uma vez que, segundo o Código de Defesa do Consumidor, em alguns casos a relação de consumo também pode ter por objeto a prestação pessoal de serviços. A resposta pode ser no sentido de que a ação é proposta pelo prestador de serviços em face do consumidor visando a aplicação de normas do Código de Defesa do Consumidor; trata-se de uma autêntica ação decorrente de relação de consumo e por essa razão escapa da competência da Justiça do Trabalho.

No entanto, se o litígio decorre não da relação de consumo, mas sim dos serviços prestados por pessoa física, em troca de remuneração, por exemplo, o não recebimento pelo prestador de serviços do valor ajustado, a competência será da Justiça do Trabalho.

Ações de servidor da administração pública estatutário

A Emenda Constitucional n. 45/2004 estendeu a competência da Justiça do Trabalho para julgamento das ações envolvendo os entes da administração pública. No entanto, foi concedida liminar em ADIN proposta pela Associação dos Juízes Federais do Brasil suspendendo qualquer interpretação que inclua na competência da Justiça do Trabalho o julgamento de ações entre servidores e o Poder Público vinculados à relação jurídica estatutária ou de caráter jurídico administrativo.

Trabalho parassubordinado e a competência material da Justiça do Trabalho

A competência material da Justiça do Trabalho para apreciar e julgar as relações de trabalho subordinado ou relação de emprego é indiscutível. No entanto, atualmente, além do trabalho subordinado, a competência da Justiça do Trabalho também abrange o trabalho parassubordinado, o qual reflete uma posição intermediária entre o trabalho subordinado e o autônomo, com os seguintes traços característicos: continuidade, coordenação e o caráter pessoal na prestação dos serviços.

Arion Saião Romita ensina: "O trabalhador parassubordinado pode ser considerado quase sempre um contratante débil". A debilidade contratual, que constitui uma característica constante nas formas de prestação de serviços parassubordinados, justifica a tentativa de incluir esta modalidade no campo de aplicação do direito do trabalho. A debilidade contratual se configura não somente pela debilidade econômica, mas também pela circunstância de que o tomador de serviços tem a possibilidade de anular ou reduzir sensivelmente a liberdade contratual do prestador.

Entre os trabalhadores parassubordinados são elencados, além dos prestadores de trabalho associativo (sociedades em conta de participação, membros de cooperativa de trabalho, o sócio de indústria, membros de empresa familiar), os representantes comerciais, os propagandistas, agentes teatrais, cinematográficos e esportivos, corretores de toda espécie de negócios (como os corretores de imóveis), concessionários de vendas, pequenos empresários (dependentes economicamente de indústrias a que prestam colaboração contínua), profissionais liberais (como o advogado que trata de modo contínuo dos interesses de uma pessoa física, o médico de família etc.).

II – Ações que envolvam o exercício do direito de greve

O exercício do direito de greve pode gerar a ocorrência de ações individuais (indenizações por danos causados pelos grevistas) ou coletivas (dissídio de greve), inclusive possessórias (interditos proibitórios, para a garantia da posse de seus bens imóveis), todas de competência da Justiça do trabalho.

III – Ações sobre representações sindicais

Apesar da literalidade do texto constitucional, a doutrina e a jurisprudência vêm interpretando que o novo regramento constitucional estabelece a competência da Justiça do Trabalho para julgar todas as lides intersindicais, ou seja:

a) Conflitos intersindicais coletivos

Os conflitos intersindicais coletivos também são denominados conflitos de representatividade e envolvem a discussão sobre a legitimidade da representação das categorias econômicas ou profissionais.

b) Conflitos intersindicais não coletivos

Os conflitos intersindicais não coletivos são aqueles que têm como parte os sindicatos, defendendo um interesse próprio e não interesse da categoria. Exemplo: dissídio de declaração ou não da filiação da entidade sindical a uma Federação.

c) Conflitos intra-sindicais ou conflitos sindicais internos

Os conflitos intra-sindicais ou conflitos sindicais internos são aqueles que surgem na administração da entidade sindical ou entre a entidade sindical e seu associado Exemplo: anulação de assembleia, de eleição sindical, etc.

d) Conflitos extra-sindicais

Os conflitos extra-sindicais são aqueles que surgem entre as entidades sindicais e terceiros, exemplo: Recusa em inscrever trabalhador para ser sócio do sindicato, e concorrer às eleições de dirigente sindical, recusa na admissão da empresa como sócia do sindicato da categoria econômica etc.

Ainda, conforme disposto no inciso III do art. 114 da Carta Magna, verifica-se que o legislador constituinte expressamente atribuiu para a Justiça do Trabalho a competência para julgar as lides "sobre representação sindical, entre sindicatos, entre sindicatos e trabalhadores, e entre sindicatos e empregadores", sendo certo que a interpretação em consonância com a competência geral para as lides oriundas das relações de trabalho revela que toda e qualquer disputa acerca de contribuições sindicais, de qualquer natureza, são mera consequência da representação sindical em sentido amplo, pois inclusive pode ocorrer da recusa da empresa ao pagamento por não reconhecer a entidade sindical como sua representante, o que revela encontrar-se dentro dessa matéria (representação sindical) a questão das receitas dos sindicatos.

No que concerne ao rito processual adequado, à luz do disposto na Instrução Normativa n. 27/2005 do TST, pode-se conceber a utilização de rito próprio — caso existente — ou o rito ordinário trabalhista (sumaríssimo dependendo do valor), tudo na fase de conhecimento caso não possua o sindicato patronal título executivo ou documento sem eficácia, pois em caso contrário afigura-se possível o uso da execução de título executivo extrajudicial ou da ação monitoria respectivamente, inclusive no Processo do Trabalho. Por outro lado, caso a parte possua o título executivo preconizado no art. 606 da CLT, o rito adequado afigura-se à execução de título executivo extrajudicial. Assim, caso possua título sem essa eficácia, à ação monitória; não possuindo título algum, deve-se utilizar o rito ordinário do processo do trabalho, sendo sumaríssimo dependendo do valor, em fase de conhecimento.

Concluindo, apesar de o texto mencionar apenas as ações de representação sindical e sindicatos, deve ser dada uma interpretação extensiva para englobar todas as entidades sindicais, como as questões que envolverem as Federações e as Confederações. São exemplos: ação envolvendo o direito de filiação ou desfiliação, ação anulatória de eleição sindical, ação de cobrança executiva de contribuição sindical, ação consignatória de contribuição sindical quando há disputa de representação entre dois sindicatos.

IV – Mandado de segurança, *habeas corpus* e *habeas data*

Uma das grandes inovações é a possibilidade de impetração perante as Varas da Justiça do Trabalho (órgão de primeira instância) quando o ato questionado envolver matéria sujeita a sua jurisdição, por exemplo, quando a autoridade coatora for auditor do trabalho ou membro do Ministério Público do Trabalho.

Afirmada, também, a competência para o julgamento do *habeas corpus* quando se tratar de matéria sujeita à jurisdição trabalhista (Prisão de Natureza Civil).

A competência para o julgamento do *habeas data* também vem previsto no texto Constitucional emendado para possibilitar ao trabalhador o acesso a dados pessoais em poder do Estado, assegurando o respeito aos direitos da personalidade à intimidade e vida privada do trabalhador.

V – Conflitos de competência – Formas de solução

1. O conflito de competência entre Varas do Trabalho, na mesma região, deverá ser dirimindo pelo TRT.

2. Quando se tratar de conflito de Varas do Trabalho sujeitas à jurisdição de Tribunais Regionais do Trabalho diferentes ou entre Tribunais Regionais do Trabalho, a competência é do TST.

3. Quando o conflito envolver juízes vinculados a Tribunais diversos da Jurisdição Trabalhista a competência é do STJ (art. 102, I, da CF).

4. Quando envolver conflito entre Tribunal Superior e STJ, a competência é do Superior Tribunal Federal (STF).

VI – Ações de indenização por dano moral ou patrimonial, decorrentes da relação de trabalho

A Emenda Constitucional n. 45/2004 consagrou definitivamente a competência da Justiça do Trabalho para o julgamento de todas as ações que envolvem pedidos de indenização por danos materiais e morais decorrentes da relação de trabalho.

VII – Ações relativas às penalidades administrativas

Muito embora o texto constitucional utilize a expressão "ações" e não "execuções" relativas às penalidades administrativas, a doutrina vem, com acerto, se posicionando em sentido contrário.

A finalidade da nova hipótese de competência leva a afirmar-se que a própria execução fiscal das multas e dos valores deve ser feita perante a Justiça do Trabalho, admitindo-se a discussão da legalidade do lançamento através de embargos do executado.

Conforme análise feita pelo processualista do trabalho, o magistrado Marcos Neves Fava mostra-se incoerente, para dizer o mínimo: "exigir dos litigantes que se defendessem ou postulassem, perante a Justiça do Trabalho, mas que, consolidada a obrigação de pagamento da dívida, aforassem — ou se defendessem — perante a Justiça Federal, durante a execução".

Não se pode através de equivocada hermenêutica rejeitar a competência da Justiça do Trabalho para as execuções fiscais relacionadas às penalidades administrativas impostas aos empregadores pela fiscalização das relações de trabalho.

Desde logo, porque a competência para o gênero "ações" induz, por corolário lógico, a da espécie "execução". Aliás, o processo de conhecimento, ressalvada a tutela meramente declaratória, não se faz útil ou efetivo, sem a correspondente ação de execução.

Outra questão que se coloca é que a literalidade do texto emendado sugere que apenas as "penalidades administrativas" já impostas pelos órgãos de fiscalização transferiram-se à competência da Justiça do Trabalho.

A resposta a esta indagação deve ser feita levando em conta que com a nova redação, os atos da administração nas tarefas de regulação e fiscalização das relações do trabalho passaram à competência da Justiça do Trabalho. Se, inequivocamente, o auto de infração imposto ao empregador por falta da autorização a que se refere o art. 71, parágrafo terceiro da CLT (para redução do intervalo de refeição) terá impugnação patronal resolvida pela Justiça do Trabalho, não impossível conceber que a negativa do Delegado Regional do Trabalho em conceder tal autorização — ou sua omissão em despachar o requerimento — seja, por ausência de imposição de multa, até então, transferida para competência da Justiça Federal. Cisão indesejável e casuística da competência, em desfavor da racionalidade da ordem jurídica.

Assim, no momento entendemos que em lugar de "penalidades", a interpretação mais adequada sugere a leitura de "atos" dos órgãos de fiscalização das relações do trabalho, hermenêutica de consequências bem mais abrangentes.

Qualquer ação, tanto a proposta pelo empregador objetivando invalidar multa imposta pelas DRTs, como também as execuções dos títulos extrajudiciais, originados dos autos de inspeção tomados pelos auditores-fiscais do trabalho; proposto pela fazenda pública em fazenda empregadora passou a ser da competência da Justiça do Trabalho.

VIII – Execução de ofício das contribuições sociais previstas no art. 195, I, a, e II, e seus acréscimos legais, decorrentes das sentenças que proferir

A Justiça do Trabalho é competente para determinar o recolhimento das contribuições previdenciárias e fiscais sobre as verbas de natureza salarial, decorrentes das sentenças que proferir ou dos acordos homologados, devendo o juízo promover, de ofício, a execução dos valores devidos.

Complementação de aposentadoria ou de pensão

A competência material da Justiça do Trabalho não exige que, ao tempo da propositura da ação, ainda se tenha a subsistência da relação de trabalho, pois pode existir ação trabalhista nas quais se pleiteia a complementação de aposentadoria ou de pensão decorrentes de regulamentos internos da empresa ou de entidade previdenciária complementar patrocinada pelo empregador, de forma isolada, ou mediante a participação do empregado. Neste caso, não há que se falar em incompetência da Justiça do Trabalho.

Competência da Justiça do Trabalho para julgar ação com pedido de indenização de dano moral sofrido na fase pré-contratual

A doutrina e a jurisprudência ainda não sedimentaram o entendimento sobre a competência da Justiça do Trabalho para julgar ação com pedido de indenização de dano moral sofrido na fase pré-contratual.

Para José Affonso Dallegrave, "considerando que o conceito de relação de trabalho é aquele que pressupõe qualquer liame jurídico entre dois sujeitos, desde que tendo por objeto a prestação de um serviço, autônomo ou subordinado, não há dúvidas que não só os contratos celetistas estão nele abrangidos, mas boa parte dos contratos civis e comerciais".

Mauro Schiavi discorre que o vocábulo relação de trabalho pressupõe "trabalho prestado por conta alheia, em que o trabalhador (pessoa física) coloca sua força de trabalho em prol de outra pessoa (física ou jurídica), podendo o trabalhador correr ou não os riscos da atividade. Desse modo, estão excluídas as modalidades de relação de trabalho em que o trabalho for prestado por pessoa jurídica, porquanto, nessas modalidades, embora haja relação de trabalho, o trabalho humano não é o objeto dessas relações jurídicas e sim um contrato de natureza civil ou comercial".

Délio Maranhão menciona que "no contrato de trabalho, como nos demais contratos, pode haver um período pré-contratual". É que nem sempre o contrato tem formação instantânea, embora a formação progressiva do contrato de trabalho constitua uma exceção.

Neste caso não há confundir a proposta do contrato, que pressupõe que este se forma pelo único fato da aceitação, que, por isso, obriga o preponente (art. 1.080 do Código Civil de 1916; art. 427, Código Civil de 2002), com os entendimentos preliminares da fase pré-contratual.

Como ensina Serpa Lopes, a característica principal dessas conversações preliminares consiste em serem entabuladas sem qualquer propósito de obrigatoriedade. Tais conversações, porém, se não obrigam a concluir o contrato, nem por esse motivo deixam de produzir, em alguns casos, efeitos jurídicos. Assim é que, se os entendimentos preliminares chegarem a um ponto que faça prever a conclusão do contrato e uma das partes os rompe sem um motivo justo e razoável (culpa *in contraendo*), a outra terá o direito ao ressarcimento do dano causado por esse rompimento (interesse contratual negativo), quando possa provar que, confiando na previsível conclusão do contrato, fez despesas em virtude de tais entendimentos, ou deixou de aceitar outra oferta tanto ou mais vantajosa. Consideramos perfeitamente cabível uma ação desta natureza na Justiça do Trabalho, em face do art. 114 da Constituição, que fala 'em outras controvérsias decorrentes da relação de trabalho'. Dir-se-á que essa relação não chegou a se completar. "Mas o dano se apura, na hipótese, em função de sua previsível formação, e a culpa ocorre na fase preliminar de um contrato de trabalho: a controvérsia se origina, pois, de uma relação de trabalho, embora no nascedouro".

Competência para decidir ação movida por atleta profissional de futebol

Pela nova ordem constitucional (CF/88), o Poder Judiciário só admitirá ações relativas à disciplina e às competições desportivas após se esgotarem as instâncias da justiça desportiva, reguladas em lei (art. 217, § 2º). Contudo, a lei não excluirá da apreciação do Poder Judiciário, lesão ou ameaça a direito (art. 5º, XXXV). Pela interpretação sistemática dos artigos, temos que "o art. 29, da Lei n. 6.354/76 é, em parte, incompatível com o vigente texto constitucional: No que cerceia transitoriamente ao atleta profissional de futebol o exercício do direito de ação para vindicar prestação decorrente do contrato de trabalho firmado com a respectiva associação empregadora. A Carta Magna não consente restringir-se o direito de ação, senão excepcionalmente quanto à disciplina e às competições esportivas".

Súmulas do Superior Tribunal de Justiça e a Competência Material Trabalhista

Súmula n. 62. Compete à Justiça Estadual processar e julgar o crime de falsa anotação na Carteira de Trabalho e Previdência Social, atribuído à empresa privada.

Compete à Justiça Federal, excluídas as reclamações trabalhistas, processar e julgar os feitos relativos à movimentação do FGTS (Súmula n. 82). A Justiça do Trabalho é competente nas demandas que "objetivam o ressarcimento de parcelas relativas ao FGTS, ou que, direta ou indiretamente, impliquem essa obrigação de fazer; o juiz determinará que a empresa sucumbente proceda ao recolhimento imediato das importâncias devidas a tal título" (art. 26, Lei n. 8.036/90).

Compete à Justiça Federal processar e julgar crime de falso testemunho cometido no processo trabalhista (Súmula n. 165).

2

Visão da CLT Acerca de Processo do Trabalho

A ação trabalhista deve ser proposta perante a Vara do Trabalho do último local da prestação de serviços, ainda que o empregado tenha sido contratado em outro local ou no estrangeiro, é o que se depreende do art. 651 da CLT.

Exceções no que tange a competência

Quando se tratar de empregado viajante comercial, se estiver ligado à agência ou filial, a competência será da Vara do local em que está localizada a agência ou filial; na falta, ou se não estiver subordinado à agência ou filial, a competência será a do domicílio do empregado ou local mais próximo.

Quando se tratar de empregado brasileiro laborando no estrangeiro, este pode optar em ajuizar a ação no Brasil, desde que não haja convenção internacional dispondo em contrário, caso em que será competente a Vara do Trabalho do local em que estiver situada a repartição da empresa no Brasil. Desta forma, no caso do empregado ir trabalhar no estrangeiro, a ação deverá ser ajuizada perante a vara onde o empregador tenha sede no Brasil ou onde o trabalhador tenha sido contratado antes da sua ida para o exterior.

Quando se tratar de empresas que promovem atividades fora do lugar do contrato, em lugares incertos, transitórios ou eventuais (Ex.: empresas circenses, desfiles de moda, reflorestamento etc.), os empregados podem escolher entre o local da prestação de serviços e o local da contratação.

A competência territorial é relativa. Pode ser prorrogada se a parte contrária não se insurgir contra a escolha feita pelo autor.

No processo do trabalho, por medida de proteção ao trabalhador, não se admite o foro de eleição.

Empresas que promovem atividades fora do lugar do contrato

Wagner Giglio discorre: "A segunda exceção diz respeito a empregadores que realizem atividades fora do local onde são firmados os contratos de trabalho, como acontece com as empresas especializadas em auditoria, instalação de caldeiras, reflorestamento etc.". Tais atividades exigem que o empregado se desloque para prestar serviços no local onde são requeridos, por vezes ali permanecendo durante bastante tempo. Prestigiando, ainda uma vez, a facilidade de acesso do empregado às Cortes Trabalhistas, o art. 651, § 3º, da Consolidação permite ao empregado, a sua escolha, 'apresentar reclamações no foro da celebração do contrato ou no da prestação dos serviços'. E a jurisprudência vem entendendo essa disposição de forma abrangente, aplicando os casos em que o empregado pode propor ação em juízo diverso daquele que seria competente em razão do lugar da prestação dos serviços.

Foro de eleição e a competência territorial trabalhista

Amauri Mascaro Nascimento assevera: "A sua admissibilidade redundaria em problemas de difícil solução, dada a hipossuficiência do trabalhador". Se num contrato escrito em São Paulo ficasse constatado que a questão dele resultante, por acordo entre as partes, devesse ser movida, por exemplo, em Belém do Pará, o empregado não teria meios de se locomover até lá para propor a ação. Vale dizer, estaria praticamente invalidado o direito de ação, em prejuízo do mais fraco economicamente. Daí a repulsa ao foro de eleição no processo trabalhista. Entende-se, portanto, não escrita cláusula de contrato individual de trabalho estabelecendo foro de eleição.

Cumpre salientar que para as relações de trabalho o foro de eleição será aceito.

As ações trabalhistas devem iniciar-se na primeira instância, ou seja, perante as Varas do Trabalho (arts. 652 e 653 da CLT); os Tribunais possuem, de regra, competência recursal (arts. 678, 679, 680 da CLT e Lei n. 7701/1988).

No entanto, há casos de ações de competência originárias dos tribunais superiores.

Tribunais Regionais do Trabalho

A competência originária dos Tribunais Regionais do Trabalho envolve os dissídios individuais e coletivos, os quais são iniciados perante o próprio tribunal.

Os dissídios individuais são: Mandados de segurança; ações rescisórias; *habeas corpus*; ações anulatórias em convenção ou acordo coletivo (OJ n. 129, SDI-II); medidas cautelares nominadas e inominadas, preparatórias ou incidentes, quanto aos processos de sua competência originária ou na forma do art. 800, parágrafo único, do CPC.

Competência recursal dos Tribunais Regionais do Trabalho

A competência recursal é decorrência natural do princípio do duplo grau de jurisdição, ou seja, a faculdade que é dada ao vencido de ter o reexame da decisão que lhe foi desfavorável.

São exemplos de competência recursal dos Tribunais Regionais do Trabalho: As decisões definitivas ou terminativas originárias das varas do trabalho nos dissídios individuais de conhecimento ficam submetidas ao duplo grau de jurisdição, por intermédio do recurso ordinário (art. 895, "*a*", CLT). Nas ações de execução, as decisões proferidas pelas varas do trabalho são reexaminadas pelo agravo de petição (art. 897, *a*, CLT). Os despachos denegatórios de recursos, os quais são proferidos pelos juízes das varas do trabalho ou juízes estaduais no exercício da jurisdição trabalhista, podem ser revistos nos TRTs, pela oposição do agravo de instrumento (art. 897, *b*, CLT). Da fixação do valor da causa no processo trabalhista (art. 2º, § 2º, da Lei n. 5.584/70) no prazo de 48 horas, cabe o pedido de revisão para o presidente do TRT.

A competência em razão de matéria e hierárquica é absoluta e por essa razão é imodificável, inderrogável, pode ser reconhecida de ofício em qualquer tempo ou grau de jurisdição.

A competência territorial é relativa e por essa razão não pode ser reconhecida de ofício, se não for arguida pela parte contrária pode ser modificada e prorrogada.

O art. 114 do CPC dispõe que será prorrogada a competência se o réu não opuser exceção de competência em razão de lugar, no prazo legal. Aplica-se esta prorrogação na seara trabalhista.

No processo do trabalho não existe a possibilidade de modificação da competência em razão do valor da causa, uma vez que a ação trabalhista, independentemente do valor atribuído à causa, sempre será processada e julgada pelo mesmo juízo.

O art. 842 da Consolidação das Leis do Trabalho permite a acumulação ou a reunião de lides em um único processo desde que haja entre elas identidade de matéria e tenham sido propostas por empregado da mesma empresa ou estabelecimento, ou desde que haja identidade de objeto e causa de pedir das ações reputadas conexas.

Ocorrendo protocolo de ações conexas em juízos diversos, a prevenção será do juízo cuja ação trabalhista tenha sido protocolada em primeiro lugar.

3

O que Você deve Saber sobre Reclamação Trabalhista e Procedimentos após a Reforma Trabalhista

Ação trabalhista nada mais é do que o direito público subjetivo de invocar a tutela jurisdicional com a finalidade de solucionar os conflitos decorrentes da relação de trabalho.

Relação jurídica processual é a relação que se forma entre autor (reclamante), réu (reclamada) e o juiz, representante do Estado, que vai fazer a entrega da prestação jurisdicional, e por essa razão, tem o dever de solucionar o conflito, não pode eximir-se de sentenciar.

Escolha do procedimento na ação trabalhista

O processo constitui-se de um conjunto de atos processuais que se vão sucedendo e coordenando dentro da relação processual, até atingir seu fim com a entrega da prestação jurisdicional.

Procedimento, ou rito, por sua vez, é a forma, o modo, como os atos processuais vão se projetando e se desenvolvendo dentro da relação jurídica processual.

Na justiça do trabalho encontramos os seguintes procedimentos:

Procedimento comum, que por sua vez se subdivide em:

Procedimento ordinário

Durante muito tempo o procedimento ordinário era o único existente no processo do trabalho. As ações individuais trabalhistas devem ser decididas em uma única audiência.

No entanto, facultava ao juiz fracionar a audiência, ao dispor que a audiência deve ser contínua, mas se não for possível ao juiz concluí-la no mesmo dia, por motivo de força maior, o juiz marcará sua continuação para a primeira desimpedida. Assim, muitos juízes passaram a fracionar a audiência em três partes: Inicial, Instrução e Julgamento.

Procedimento sumário ou alçado

O procedimento sumário no âmbito do processo laboral foi introduzido pela Lei n. 5.584/70, com objetivo de dar maior celeridade às causas trabalhistas de pequeno valor, ou seja, nas ações cujo valor da causa na data da distribuição da ação era de até dois salários mínimos.

Entre outras peculiaridades, a Lei n. 5.584/70 instituiu a chamada "causa de alçada", que, na verdade, é uma ação submetida ao procedimento sumário, cuja regulação está prevista nos §§ 3º e 4º do art. 2º da referida lei, segundo os quais:

a) Quando o valor fixado para a causa, na forma deste artigo, não exceder de duas vezes o salário mínimo vigente na sede do Juízo, será dispensável o resumo dos depoimentos, devendo constar da ata a conclusão da Vara quanto à matéria de fato;

b) Salvo se versarem sobre matéria constitucional, nenhum recurso caberá das sentenças proferidas nos dissídios da alçada a que se refere o parágrafo anterior, considerado, para esse fim, o valor do salário mínimo à data do ajuizamento da ação.

Há, inclusive, quem sustente a inconstitucionalidade do art. 2º, § 2º, da Lei n. 5.584/70, por violação ao princípio do duplo grau de jurisdição.

No entanto, a posição doutrinária mais aceita é que o princípio do duplo grau comporta exceções, e no caso é de se admitir que nosso ordenamento permita a existência de causas decididas em única instância.

Outra questão que comporta discussão quando a ação se processa pelo procedimento sumário, é a respeito da constitucionalidade, ou não, do § 3º do art. 2º da Lei n. 5.584/70, que estabelece vinculação ao salário mínimo para fins de determinação da alçada.

A questão, no entanto, já foi sedimentada pelo TST, através da Súmula n. 356, segundo o qual o referido dispositivo legal "foi recepcionado pela Constituição da República de 1988, sendo lícita a fixação do valor da causa com base no salário mínimo".

Alguns doutrinadores afirmam que a Lei n. 9.957/2000, que introduziu o procedimento sumaríssimo, derrogou o art. 2º da Lei n. 5.584/70, ao fundamento de que os dissídios cujo valor da causa é de até dois salários mínimos estão abrangidos pelo rito sumaríssimo de maneira que deve ser observado o regramento previsto na Lei n. 9.957/2000, no que diz respeito aos pedidos serem certos ou determinados e líquidados para sua apreciação, e possibilidade de recurso, mesmo que não envolva matéria constitucional.

No entanto, o fato de ter sido mantidas as Súmulas ns. 356 e 365 pelo TST deixa certo que, segundo as jurisprudências dos tribunais, ainda persistem as ações de alçada.

c) Procedimento Sumaríssimo.

Foi introduzido no processo do trabalho por força da Lei n. 9.957, de 13.1.2000, que alterou alguns casos da CLT, com a mesma ideologia que orientou a edição da Lei n. 5.584/70, ou seja, tornar o processo do trabalho mais célere e ao mesmo tempo mais seguro em virtude dos novos critérios objetivos adotados pelo legislador.

De acordo com o art. 852-A da CLT, somente "os dissídios individuais cujo valor não exceda a quarenta vezes o salário mínimo vigente na data do ajuizamento da reclamação ficam submetidos ao procedimento sumaríssimo".

O procedimento sumaríssimo só tem lugar nas ações trabalhistas individuais (simples ou plúrimas) cujo valor da causa seja maior que dois salários mínimos e menores do que quarenta salários mínimos.

Isto porque, nas causas até dois salários mínimos, o procedimento legal é o sumário; nas causas de valor acima de quarenta salários mínimos, o procedimento legal é o ordinário.

Diante de algumas peculiaridades, foram excluídas expressamente da incidência do procedimento sumaríssimo as causas em que figurem as pessoas de direito público da Administração Direta, sendo certo que nos termos do disposto no art. 173 da Constituição Federal, a restrição não existe quando se tratar de empresas públicas e sociedade de economia mista que se submetem ao mesmo regime das empresas privadas.

A matéria procedimental se reveste da natureza de ordem pública, razão pela qual, de regra, deve ser imposta a parte, não havendo como submeter à sua vontade a escolha do procedimento.

Ademais, das disposições constantes do art. 852-A, tem-se de forma expressa que os dissídios individuais, nas hipóteses previstas, ficam subordinados ao procedimento sumaríssimo, de maneira que deverá ser adotado obrigatoriamente, salvo havendo justo motivo que impeça o processamento pelo rito. Ex.: conexão ou continência com outra ação que se processa pelo rito ordinário.

As situações que justificam a citação por edital no art. 256 do CPC são quando desconhecido ou incerto o réu, quando ignorado, incerto ou inacessível o lugar em que se encontrar ou ainda nos casos expressos em lei.

A CLT por sua vez prevê a citação por edital, quando o réu criar embaraços ou não for encontrado. Quando o réu se encontra em local ignorado ou inacessível, o que acontece?

Da análise dos dispositivos legais citados, a doutrina e jurisprudência admite a citação por edital, mesmo admitindo que a real intenção da lei seja impedir que qualquer dificuldade na notificação (criar embaraços) fosse pretexto para se exigir a citação por edital.

Conforme estabelece o art. 852-B da CLT, nas ações enquadradas no procedimento sumaríssimo:

> I – O pedido deverá ser certo ou determinado e indicará o valor correspondente;
>
> II – Não se fará citação por edital, incumbindo ao autor a correta indicação do nome e endereço do reclamado;
>
> III – A apreciação da reclamação deverá ocorrer no prazo máximo de quinze dias do seu ajuizamento, podendo constar de pauta especial, se necessário, de acordo com o movimento judiciário da Junta de Conciliação e Julgamento.

Da análise do contido na lei, o não atendimento das exigências do art. 852-B, incisos I e II, importará no arquivamento da reclamação e condenação ao pagamento de custas sobre o valor da causa.

Considerando que a finalidade de ser adotado o rito sumaríssimo é tornar um processo mais célere, não há como se conceder o prazo de 10 (dez) dias para que o autor emende a inicial e atenda as exigências legais.

Quando a ação se processa pelo procedimento sumaríssimo, entende-se não ser cabível nenhuma hipótese de intervenção de terceiros, para não retardar a tramitação do processo, adotando-se a mesma regra do juizado especial.

Admite-se, no entanto, a formação de litisconsórcio, ou reclamações plúrimas, desde que o valor da soma dos pedidos seja inferior a quarenta vezes o salário mínimo, mesmo porque o legislador ao estabelecer o procedimento sumaríssimo para as ações cujo valor não exceda de quarenta vezes o valor do salário mínimo não excepcionou as reclamações plúrimas.

O art. 852-G deixa certo que todos os incidentes e exceções deverão ser resolvidos de plano. Por essa razão, não se aplica no procedimento sumaríssimo os prazos de horas estabelecidos no art. 800 para manifestação, devendo a manifestação, a instrução e a decisão ocorrerem em audiência.

No entanto, quando se tratar de exceção de suspeição ou impedimento do juiz, entende-se que deverá ser suspensa a audiência para julgamento da exceção por outro juiz. Assim, apresentada a exceção, se o juiz reconhecer existente o impedimento e suspeição, deverá remeter os autos ao seu substituo legal, no entanto, não reconhecendo a exceção oposta, deverá remeter os autos ao TRT, acompanhado de suas razões e documentos, para julgamento; uma vez procedente, o TRT determinará o andamento do feito através do juiz substituto daquele suspeito ou impedido.

Antes da EC n. 24/1999 era possível a Junta decidir a exceção. Agora com o juiz monocrático atuando, não parece possível o mesmo juiz decidir a exceção.

Adotando o mesmo regramento estabelecido pela Lei n. 9.099/95, sobre Juizado Especial Civil, art. 51, III, a doutrina entende que o processo deve ser julgado extinto sem julgamento de mérito quando for reconhecida a incompetência em razão de lugar.

O processo submetido ao rito sumaríssimo será instruído e julgado em uma única audiência, e de acordo com o disposto no art. 852-B, III – a apreciação da ação submetida ao procedimento sumaríssimo deverá ocorrer no prazo máximo de quinze dias do seu ajuizamento, podendo constar de pauta especial, se necessário, de acordo com o movimento judiciário da Junta de Conciliação e Julgamento (CLT, art. 852-B, III).

Todas as provas serão produzidas na audiência ainda que não requeridas previamente.

Sobre os documentos juntados, deverá a parte contrária manifestar-se imediatamente, salvo absoluta impossibilidade e a critério do juiz.

Cada parte somente poderá apresentar duas testemunhas, que deverão ser convidadas pelo autor ou pelo réu. Só haverá intimação de testemunha se esta, comprovadamente convidada pela parte, não comparecer à audiência. (CLT, art. 852-H, §§ 3º e 4º).

De regra, a demanda deve ser instruída e julgada em audiência única, e dispõe à lei que as testemunhas deverão comparecer na audiência independente de intimação; todas essas regras existem para tornar o processamento da ação mais célere.

Por essa razão na doutrina encontramos o entendimento de ser incompatível a adoção de atos processuais por carta no procedimento sumaríssimo.

Alguns, no entanto, defendem sua adoção desde que a situação expressamente assim o exigir, e para que não se viole o princípio constitucional do contraditório e da ampla defesa.

Somente quando a prova do fato o exigir, ou for legalmente imposta (Ex.: verificação de ambiente insalubre ou perigoso), será deferida prova técnica, incumbindo ao juiz, desde logo, fixar o prazo, o objeto da perícia e nomear perito.

As partes serão intimadas a manifestar-se sobre o laudo, no prazo comum de cinco dias. Interrompida a audiência, a continuação e a solução do processo deverá ocorrer no prazo de 30 (trinta) dias, salvo motivo justificado pelo juiz nos autos.

Na apreciação das provas, o juiz deverá "dar especial valor às regras de experiência comum ou técnica" (art. 852-D, da CLT).

Conforme expressa previsão legal, na audiência a ata não precisa consignar todos os registros detalhados, como ocorre no rito ordinário, mas a lei é expressa no sentido de que deve conter o resumo dos atos essenciais, das afirmações das partes e das informações úteis à solução da causa trazida pelas provas; deverá ainda constar, por cautela, todos os requerimentos, indeferimentos e protestos da parte que se sentir prejudicada em decorrência de algum fato ou ocorrência.

Não se verifica qualquer incompatibilidade entre tutela antecipada ou medida cautelar com procedimento sumaríssimo.

O art. 852-I da CLT, além de dispensar o relatório nas sentenças sujeitas ao rito sumaríssimo, prescreve que o juiz deverá adotar, em cada caso, a decisão que reputar mais justa e equânime, atendendo aos fins sociais da lei e às exigências do bem comum (julgamento por equidade).

O procedimento sumaríssimo admite a interposição de embargos declaratórios, inclusive com efeito modificativo, quando na sentença houver omissão ou contradição (CLT, art. 897-A). Se os embargos de declaração tiverem efeito modificativo, o juiz deve abrir vista dos autos à parte contrária, para, querendo, oferecer contrarrazões (TST/SDI/OJ n. 142).

Em relação aos recursos das decisões proferidas, quando a ação se processa pelo rito sumaríssimo, abordaremos adiante quando estivermos tratando especificamente dos recursos.

Quando o juiz perceber que o valor da causa deve ser fixado em valor superior a quarenta salários mínimos, o juiz deve julgar extinto o processo sem julgamento de mérito. No entanto, existe em doutrina entendimentos de que o juiz pode converter o rito em ordinário.

Tem-se que de regra a execução deverá ser processada pelo valor total da condenação, sem qualquer limitação. Os juros e correção monetária constituem acessórios e não necessitam vir calculados na inicial; impossível se falar em renúncia pelo reclamante do valor que ultrapassar o limite legal, pois os direitos trabalhistas são irrenunciáveis.

Caso tenha havido má-fé do empregado comprovada em juízo, o prejuízo da reclamada poderá ser requerido pela reclamada à nulidade a partir do ato nulo (audiência), a fim de que seja observado o rito comum. Inaplicável no caso a situação prevista no Juizado Especial Civil, pois os interesses em conflitos são diferentes.

Quanto à possibilidade de reunião de ações em decorrência de conexão ou continência, desde que observado o limite de 40 salários mínimos para o total dos pedidos das ações, não há óbice, segundo a doutrina majoritária.

Deve ser ressaltado que tanto a conexão como a continência prestigiam os mesmos princípios do procedimento sumaríssimo, a saber, a celeridade e a economia processual, sendo recomendadas, desde que não ultrapassado o valor legalmente previsto no dispositivo mencionado.

Entretanto, deve ser mencionado que para alguns, utilizando a mesma justificativa (celeridade processual), mas em sentido contrário, não é cabível a conexão e a continência, pois resultaria em maior complexidade e tempo de desenvolvimento para a ação.

A reclamação plúrima está expressamente prevista no Capítulo III da CLT (dos dissídios individuais), no art. 842 que assim dispõe:

> "Art. 842. Sendo várias as reclamações e havendo identidade de matéria, poderão ser acumuladas num só processo, se se tratar de empregados da mesma empresa ou estabelecimento."

O art. 852-A da CLT ao estabelecer o procedimento sumaríssimo cabível para os dissídios individuais apenas faz menção restritiva ao valor — que não exceda a quarenta vezes o salário mínimo — não constando restrição quanto às reclamações plúrimas, espécie de dissídio individual, consoante norma acima transcrita.

Portanto, desde que observados os requisitos do art. 842 e o limite de valor para o total do pedido (CLT), não haverá óbice de a reclamação plúrima adotar o procedimento sumaríssimo, conforme entendimento majoritário da doutrina (Renato Saraiva menciona, expressamente, neste sentido em seu *Curso de Direito Processual do Trabalho*: "aplica-se às ações plúrimas, desde que o valor total dos pedidos para todos os reclamantes não exceda a 40 (quarenta) salários mínimos").

Em suma, a escolha do rito será pelo valor dado à causa, até 2 (dois) salários será o rito sumário, de 2 (dois) a 40 (quarenta) salários será o rito sumaríssimo, mais de 40 (quarenta) salários será o rito ordinário.

Procedimentos especiais

Na norma processual celetista, os procedimentos especiais para o inquérito para apuração de falta grave nos arts. 853 a 855, o dissídio coletivo nos art. 856 a 871, ação de cumprimento no art. 872 e parágrafo único, temos algumas ações especiais tratadas que são processadas na Justiça do Trabalho, sendo certo que algumas delas necessitam de ser adaptadas ao rito procedimental trabalhista. (Ex.: Ação de consignação em pagamento).

Petição inicial

É o ato processual, de que se vale a parte para pleitear a tutela jurisdicional. É a materialização do direito de ação assegurado constitucionalmente.

Trata-se de um instrumento de relevante importância para o processo, uma vez que descreve a pretensão do autor, seus fundamentos, e sobre o pedido formulado é que incidirá a prestação jurisdicional, pois o juízo só pode atuar nos limites do que foi pedido.

Nos dissídios individuais a petição inicial pode ser verbal ou escrita. Quando se tratar de dissídio coletivo, inquérito para apuração de falta grave, bem como outras ações especiais, exemplo: mandado de segurança, ação rescisória etc., a petição deve ser escrita.

Os arts. 840 e 852-B da CLT apontam os requisitos que devem conter a petição inicial no dissídio individual, sendo que a petição inicial do procedimento ordinário é tratado no art. 840 da CLT e no procedimento sumaríssimo no art. 852-B:

> Art. 840. A reclamação poderá ser escrita ou verbal.
>
> § 1º Sendo escrita, a reclamação deverá conter a designação do juízo, a qualificação das partes, a breve exposição dos fatos de que resulte o dissídio, o pedido, que deverá ser certo, determinado e com indicação de seu valor, a data e a assinatura do reclamente ou de seu representante. (Redação dada pela Lei n. 13.467, de 2017)
>
> § 2º Se verbal, a reclamação será reduzida a termo, em duas vias datadas e assinadas pelo escrivão ou secretário, observado, no que couber, o disposto no § 1º deste artigo.

O art. 786 da CLT determina que quando a ação for distribuída em localidade onde existir mais de uma vara, a reclamação verbal será primeiramente distribuída, e, após a distribuição, o reclamante deverá comparecer no cartório no prazo de 5 (cinco) dias para reduzir a termo a reclamação.

> "Art. 787. A reclamação escrita deverá ser formulada em duas vias e desde logo acompanhada dos documentos em que se fundar."

Da petição inicial (Rito ordinário)

Analisando o disposto no art. 840 da CLT, verificamos que o processo trabalhista é mais simples, e não há exigência legal que a inicial contenha os fundamentos jurídicos do pedido, as especificações do pedido, o valor da causa à especificação das provas que o autor pretende se valer para demonstrar a veracidade dos fatos alegados, e o requerimento de notificação do réu.

É que no processo do trabalho ainda persiste o *jus postulandi* conferido às partes. No que se refere ao valor da causa, a Lei n. 5.584/70 deixa certo que se não for atribuído pela parte o valor da causa, o juiz o fixará em caso de ser frustrada a conciliação.

Afirmam também que em respeito ao princípio do devido processo legal e da ampla defesa, a petição deve conter os elementos que possibilitem a defesa do réu, e por essa razão deve obrigatoriamente conter a causa de pedir, pois se trata de um dos elementos da ação.

Pedidos especiais numa ação trabalhista

Na ação trabalhista, o candidato poderá pleitear os seguintes pedidos: liminar, tutela antecipada, tutela específica, rescisão indireta e, ainda, o dano moral.

Na liminar, somente poderá ser pleiteada se pretender reintegrar dirigente sindical dispensado sem justo motivo, ou no caso de transferência abusiva de local de trabalho, que prejudique o empregado. Essa ação trabalhista com liminar seguirá os mesmos requisitos de uma ação normal ordinária, mas deverá ser descrito o *fumus boni iuris* e o *periculum in mora*.

Já na tutela antecipada, somente será cabível nas obrigações de dar coisa certa, ou seja, dinheiro. Normalmente, nas questões da prova da ordem, o examinador informa que o devedor "admite o débito", ou seja, está confessando o mesmo e assim sendo deverá ser pleiteada a tutela. Esse pedido além do *fumus boni iuris* e do *periculum in mora*, deverá ser descrito pelo candidato na prova da OAB à verossimilhança da alegação, a possibilidade de reversão e ainda a prova inequívoca. Exemplo disso seria a empresa que demite o funcionário nada paga, mas confessa o débito.

A tutela específica deverá ser utilizada nas obrigações de fazer e de não fazer. Como requisito desse pedido tem o *fumus boni iuris* e o *periculum in mora*. Exemplo: reintegrar a empregada gestante.

A rescisão indireta é a ação cabível pelo empregado em face do empregador que cometeu uma justa causa. Exemplo: não pagou os salários.

Por fim, temos o dano moral, que está determinado no art. 5º, incisos V e X, da CF, e art. 186 do Código Civil e nas Súmulas ns. 392 do TST e 22 do STF. Só será cabível se o dano ocorreu. Ex.: Ofensa física do empregador para com o empregado.

4

O que Você deve Saber Acerca das Respostas Trabalhistas

Antes de adentrarmos as respostas propriamente ditas, será importante abordar a audiência trabalhista, tendo em vista que é o momento de apresentar as defesas.

O art. 841 da CLT dispõe que recebida e protocolada a inicial, o chefe da secretaria tem o prazo de 48 horas para enviar a segunda via à reclamada, notificando-a para comparecimento na audiência que será na primeira data desimpedida depois de 5 (cinco) dias, e o § 2º do mesmo artigo estabelece também que o reclamante será notificado da data da audiência no momento da distribuição da ação ou pelo correio.

CONCEITO DE AUDIÊNCIA: É o ato do juiz de ouvir as partes, suas pretensões e suas testemunhas.

De acordo com os arts. 813 a 817 da CLT, as audiências dos órgãos da Justiça do Trabalho serão públicas e realizadas de regra na sede do Juízo ou Tribunal, em dias úteis previamente fixados, entre 8:00 horas e 18:00 horas, não podendo ultrapassar cinco horas seguidas, salvo se houver matéria urgente.

Em casos especiais poderá ser realizada em outro local, mediante edital fixado na sede do juízo com antecedência de 24 (vinte e quatro) horas no mínimo.

Se até 15 (quinze) minutos após a hora marcada, o juiz não houver comparecido, os presentes poderão retirar-se, devendo apenas constar no livro de registros das audiências (observação: este prazo é para o caso de não comparecimento do juiz, e não atraso na audiência).

Nos termos da CLT, a audiência trabalhista, qualquer que seja o rito (sumário, sumaríssimo ou ordinário), deveria ser sempre UMA, ou seja, a proposta conciliatória, apresentação da defesa, instrução do processo e julgamento são realizados em uma única oportunidade, em obediência ao princípio da imediatividade e concentração dos atos processuais, próprios do processo do trabalho.

Na prática, em razão da complexidade de alguns processos e o excesso de processos em pauta, a maioria das Varas do Trabalho tem optado em fracionar a audiência una em três:

INICIAL: Busca conciliação tão somente e em caso negativo, recebe a defesa da reclamada, abrindo-se vista ao reclamante, designando-se nova audiência em continuidade.

INSTRUÇÃO E JULGAMENTO: Realizada em sequência à audiência inicial, visando a oitiva das partes, das testemunhas do reclamante e reclamado, ou o inverso em caso de inversão do ônus da prova, e demais provas necessárias, julgando o feito ao final ou não, neste caso deverá ficar consignada na ata de audiência a forma pela qual as partes tomarão ciência da sentença = via postal, Diário Oficial ou na forma do Enunciado n. 197 do TST = daí a importância do advogado ler o DOU ou contratar em empresa de recortes.

JULGAMENTO: Destinado somente ao Juízo para o julgamento do processo, sem a presença das partes, sendo que as partes terão ciência da decisão, via postal, oficial de justiça, imprensa oficial ou pelo Enunciado n. 197, que declara que as partes se dão por notificadas no dia e hora marcados para a publicação da decisão.

Em doutrina encontramos a posição de doutrinadores que afirmam que a audiência UNA não seria conveniente, porque dificulta a réplica do reclamante, ferindo a garantia constitucional da ampla defesa, do contraditório e o consequente devido processo legal, exceção feita ao procedimento sumaríssimo onde a parte, em regra geral, será instada a se manifestar sobre os documentos em audiência.

O dever de comparecimento pessoal do reclamante (salvo em se tratando de reclamação plúrima ou ação de cumprimento, quando este poderá ser representado pelo sindicato da categoria), e também da reclamada às audiências, independentemente de seus representantes ou advogados.

Observe-se, no entanto, que nas ações de cumprimento, ainda que o legislador empregue o termo representar, na verdade, o sindicato pode atuar como substituto processual dos substituídos. É o autor da ação, que atua em nome próprio, na defesa dos substituídos. Sendo dispensável o comparecimento pessoal dos substituídos, titulares do direito material em juízo.

Também quando se tratar de reclamação plúrima, os empregados poderão se fazer representar pelo sindicato da categoria, sendo permitido também ao juiz que autorize os autores serem representados por um grupo ou comissão dos litisconsortes.

O art. 844 da CLT deixa certo que a ausência do reclamante na audiência de julgamento importa no arquivamento da reclamação, podendo intentar nova ação, devendo ser observado o prazo de 6 (seis) meses entre a segunda e a terceira propositura e o não comparecimento da reclamada importa revelia, além de confissão quanto a matéria de fato.

De acordo com a norma processual celetista, a ausência do reclamante na audiência de julgamento importa no arquivamento da reclamação.

O art. 843, § 2º, da CLT, também deixa certo que ocorrendo motivo relevante, o reclamante pode se fazer substituir por colega de profissão ou sindicato se estiver doente. Haverá o adiamento da audiência nessa hipótese, mesmo porque o representante do reclamante não poderá fazer confessar, transigir (fazer acordo) etc.

A falta de comparecimento da reclamada na audiência de julgamento importa na revelia, sendo certo que a jurisprudência do TST vem se firmando no sentido de que: A reclamada ausente à audiência em que deveria apresentar defesa, é revel ainda que presente seu advogado munido de procuração, podendo ser elidida a revelia mediante a apresentação de atestado médico, que deverá declarar, expressamente, a impossibilidade de locomoção do empregador ou do preposto no dia da audiência.

Na audiência a pessoa jurídica deverá ser representada pelos sócios ou preposta com carta de proposição, que deverá ser pessoa que tenha conhecimento dos fatos, cujas declarações obrigarão o proponente.

O preposto do empregador, desde munido da respectiva carta de preposição, está apto a praticar atos de audiência, tais como contestar, requerer provas, arguir nulidades, apresentar razões finais, inclusive transigir (fazer acordos).

No entanto, também submete o proponente a todas as consequências negativas oriundas do mau exercício da preposição, confissão, preclusão para arguir nulidades etc.

O poder de representação do preposto se esgota na audiência, o que não ocorre quando a representação se dá pelo representante legal da reclamada, que em vista do *jus postulandi*, está apto a continuar praticando atos processuais no processo.

Também se tem certo que não há qualquer inconveniente do preposto ser testemunha da empresa, desde que se trate de processos distintos.

A falta de carta de preposição é uma irregularidade de representação e deve ser concedido prazo para regularizar a representação.

Na realidade, o juiz deveria suspender os trabalhos e conceder prazo para regularizar, mas em vista do princípio da celeridade, de regra, concedem prazo para a regularização, sem suspender o processo, dando continuidade aos trabalhos de audiência.

No entanto, é sabido que a carta de preposição é o documento hábil para se provar a qualidade de preposto e, via de regras, a legitimidade da representação da reclamada; por essa razão a jurisprudência entende que se considera ausente na audiência a Ré quando o preposto não prova sua condição de representante, deixando de regularizar sua representação no prazo assinalado pelo juiz, entendendo ainda correta a decisão, que não aprecia a defesa apresentada e declara a revelia e confissão ficta da reclamada.

O art. 3º da Lei n. 8.906/94 (Estatuto da OAB) proíbe que o advogado funcione no processo simultaneamente como preposto e como advogado do cliente.

As partes poderão fazer-se acompanhar de advogado, que deverá apresentar o competente mandato, que poderá ser tácito ou *apud acta*, com poderes simples, ou escrito, por instrumento público ou particular, com poderes especiais e específicos, sendo dispensável o reconhecimento de firma.

O advogado, em caso urgente, poderá postular em Juízo e requerer a juntada do instrumento em 15 (quinze) dias, prorrogáveis por mais 15 dias por despacho do Juiz.

Revelia é a ausência de defesa. Não se trata de pena ou sanção (natureza jurídica, de fato jurídico, acontecimento capaz de produzir efeitos jurídicos), na verdade trata-se de uma faculdade conferida ao réu de não se defender.

O efeito da revelia é a confissão ficta, ou seja, presunção relativa de veracidade dos fatos alegados na petição, prosseguindo-se o processo, sendo certo que o revel poderá intervir em qualquer fase processual recebendo o processo no estado em que se encontra. A confissão ficta limita-se a fatos, não alcançam direitos.

> "REVELIA. PREPOSTA. COMPROVAÇÃO DA QUALIDADE DE EMPREGADA POR FICHA DE REGISTRO. Tendo a reclamada, diante de determinação do Juízo de Origem quanto à comprovação da qualidade de empregada da preposta que compareceu à audiência através de cópias de sua CTPS, juntando cópias de sua ficha de registro de empregado, cumpre a exigência que afasta a revelia. Ademais, ainda que assim não fosse impositivo aplicar apenas a *ficta confessio* à reclamada, pois o advogado legalmente constituído esteve presente à mesma audiência e apresentou contestação por ele firmada legitimamente, hábil ao afastamento da revelia que, em última análise, se consubstancia pela ausência de defesa." (TRT/SP – 03036200502002001 – RO – Ac. 10ª T. – 20090083436 – Relª. Sônia Aparecida Gindro – DOE 3.3.2009)

A presunção de veracidade dos fatos não ocorrerá:

1. Se houver pluralidade de réus e algum deles contestar a ação;

2. Se o litígio versar sobre direitos indisponíveis, ou;

3. Ainda quando a petição inicial não estiver acompanhada de instrumento público que a lei repute indispensável à prova do ato.

A revelia não se confunde com a contumácia que se refere ao não comparecimento da parte em juízo, e pode ocorrer em qualquer fase do processo. A revelia, por sua vez, é a não apresentação de defesa pelo réu.

Nos termos do entendimento sumulado pelo Tribunal Superior do Trabalho, Súmula n. 9 do TST – A ausência do reclamante quando adiada a instrução após ser contestada a ação em audiência não importa no arquivamento da reclamação.

Também a Súmula n. 74 do TST estabelece que se aplique confissão à parte que, expressamente intimada para comparecimento na audiência em prosseguimento, deixa de comparecer.

No processo do trabalho, quando a ação se processa pelo rito ordinário, o juiz em dois momentos processuais deve formular a proposta conciliatória.

A primeira tentativa deve ocorrer logo na abertura da audiência antes da apresentação da defesa e a segunda após as razões finais antes da sentença, não havendo impedimento para a conciliação entre as partes em qualquer fase do processo.

Ressalta-se, no entanto, que mesmo ultrapassado o momento processual previsto na lei, as partes poderão pôr fim ao processo mediante a celebração de acordo.

Havendo acordo, o termo que for lavrado valerá como decisão irrecorrível, salvo para a previdência social quanto às contribuições devidas ao órgão arrecadador. Só por ação rescisória é que pode ser atacado o termo de homologação de acordo. Não havendo acordo, o juiz abrirá o prazo para oferecimento da defesa (Súmula n. 259 do TST).

Nos termos da Consolidação das Leis do Trabalho, a defesa da reclamada deverá ser apresentada em audiência, oralmente, no prazo de 20 minutos.

No entanto, a praxe sedimentou a prática da empresa apresentar defesa escrita.

Por outro lado, da análise do referido dispositivo legal, verifica-se que o legislador adotou a expressão defesa pretendendo englobar todas as formas de ataque da reclamada à pretensão do reclamante, de maneira que neste momento processual poderá ser apresentada exceção, contestação, reconvenção, sendo certo que as duas primeiras são realmente defesas do réu, mas a última não se trata de resposta, mas de verdadeiro ataque do réu em face do autor, trata-se de ação e não de defesa.

Defesa indireta do processo

Sempre que forem discutidos pressupostos para o válido desenvolvimento do processo, e podem ser de caráter dilatório ou de caráter peremptório, quando se pretende pela via processual impedir a discussão de direito material em conflito.

Defesa indireta de mérito

Que se poderia chamar de prejudiciais do próprio mérito da ação, quando se pretende atacar o mérito, sem precisar discutir a própria pretensão, é o caso de arguição de prescrição e decadência, em que o processo é extinto com julgamento de mérito; Defesa de mérito, em que o réu pretende ver a ação julgada em sua essência e substância, com a improcedência da pretensão do autor.

A seguir vamos analisar as formas de defesa do reclamado no processo trabalhista.

Defesa indireta do processo de caráter dilatório (Exceção)

I – A exceção constitui uma forma de defesa processual ou defesa indireta, contra defeitos, irregularidades, ou vícios do processo, que impedem seu desenvolvimento regular, não se discutindo o mérito da questão, onde o réu, sem negar os fatos articulados pelo autor, opõe fatos extintivos ou impeditivos ligados ao processo. Observe-se que em algumas hipóteses pode também ser oferecida pelo autor.

Só suspendem o andamento do processo as exceções de suspeição, impedimento e de incompetência. As outras antigas exceções não suspendem o andamento do feito, sendo alegadas como matéria de defesa.

Da exceção de impedimento e exceção de suspeição

Conforme se verifica, a norma celetista não menciona a possibilidade de ser oposta exceção de impedimento, mas esta é cabível, e a ausência do tratamento normativo é decorrente do fato de que o referido instituto foi previsto no Código de Processo Civil de 1973, de maneira que se considerando que a CLT foi editada em 1943, não existia ainda a figura à época em que foi publicada.

O impedimento implica proibição absoluta ao exercício da jurisdição, cabendo ação rescisória da decisão proferida por juiz impedido.

A suspeição apenas autoriza a recusa do juiz, que pode ser aceita pela parte, o que não impede que o juiz de ofício declare a própria suspeição. A sentença proferida por juiz suspeito não é nula nem rescindível.

> Art. 144. Há impedimento do juiz, sendo-lhe vedado exercer suas funções no processo:
>
> I – Em que interveio como mandatário da parte, oficiou como perito, funcionou como membro do Ministério Público ou prestou depoimento como testemunha;

Está impedido o juiz que haja anteriormente intervindo no processo como advogado de qualquer das partes, como órgão do Ministério Público, oficiado como perito ou que houver prestado depoimento como testemunha. A hipótese de o juiz haver anteriormente atuado no processo pela Defensoria Pública enquadra-se na de haver atuado como advogado da parte.

> II – De que conheceu em outro grau de jurisdição, tendo proferido decisão;

O juiz que haja proferido decisão em um grau de jurisdição não pode atuar, no mesmo processo, em outro grau de jurisdição.

> III – Quando nele estiver postulando, como defensor público, advogado ou membro do Ministério Público, seu cônjuge ou companheiro, ou qualquer parente, consanguíneo ou afim, em linha reta ou colateral, até o terceiro grau, inclusive;
>
> § 1º Na hipótese do inciso III, o impedimento só se verifica quando o defensor público, o advogado ou o membro do Ministério Público já integrava o processo antes do início da atividade judicante do juiz.
>
> § 2º É vedada a criação de fato superveniente a fim de caracterizar impedimento do juiz.
>
> § 3º O impedimento previsto no inciso III também se verifica no caso de mandato conferido a membro de escritório de advocacia que tenha em seus quadros advogado que individualmente ostente a condição nele prevista, mesmo que não intervenha diretamente no processo.

O juiz está impedido quando, antes de iniciar sua atividade no processo, nele houver atuado seu cônjuge ou companheiro, ou parente, mesmo que por afinidade e na linha colateral, até o terceiro grau inclusive, como, por exemplo, seu cunhado, colateral no segundo grau ou a esposa de seu sobrinho, colateral no terceiro grau. Primos são parentes no 4º grau.

Na linha reta, a afinidade não se extingue com a dissolução do casamento ou da união estável (Cód. Civil, art. 1.595, § 2º).

O impedimento estende-se ao escritório de advocacia, ainda que o cônjuge, companheiro ou parente não haja intervindo diretamente no processo (§ 3º).

O impedimento estende-se ao cliente do escritório de advocacia, mesmo que patrocinado por advogado de outro escritório (inciso X).

A suspeição está regulada no art. 801 da CLT, e ocorre em relação ao juiz à pessoa dos litigantes e não de seus procuradores. Mas, o juiz poderá dar-se por suspeito caso houver amizade íntima com o advogado da parte, de modo a caracterizar a parcialidade, aplicando-se então o parágrafo único do art. 145 do CPC, pois grande parte da doutrina entende que as hipóteses do art. 801 são meramente exemplificativas.

Dá-se a suspeição nos seguintes casos (art. 801):

- Inimizade pessoal;
- Amizade íntima;
- Parentesco por consanguinidade ou afinidade até terceiro grau civil;
- Interesse particular na causa.

Exceção de incompetência relativa

A incompetência em razão do lugar deve ser arguida através de exceção, em preliminar de contestação, assim como a incompetência absoluta.

Caso não seja arguida a incompetência relativa pela parte, tem-se que a incompetência se prorroga, tornando juízo plenamente competente para dirimir o litígio, ademais, segundo entendimento do STJ, não pode ser reconhecida de ofício pelo juiz (Súmula n. 33 do STJ).

No processo do trabalho, não há uniformidade na doutrina se a exceção deve ser processada em apenso aos autos principais ou nos próprios autos da ação trabalhista. No entanto, a corrente mais aceita é a segunda, em vista do princípio da simplicidade e da existência do *jus postulandi* no processo do trabalho.

A decisão proferida por ocasião do julgamento da exceção tem natureza de decisão interlocutória.

A imparcialidade do juiz é pressuposto de desenvolvimento válido e regular do processo. A suspeição e o impedimento, se confirmados, geram a necessidade do afastamento do Magistrado, remetendo-se os autos para seu substituto.

No processo do trabalho, a oportunidade para ser oposta à exceção de suspeição (e de impedimento) é a primeira vez em que o excipiente tiver de falar nos autos ou em audiência após a ciência do fato legalmente descrito como fundamento da suspeição ou do impedimento, este de natureza objetiva, aquela, subjetiva.

As hipóteses previstas no art. 801 da CLT são exemplificativas, apesar da divergência doutrinária sobre a questão, bem como sobre a figura do impedimento, não prevista expressamente na CLT.

As causas geradoras de impedimento têm natureza objetiva, estão expressamente capituladas na lei, ou seja, nas hipóteses tratadas no art. 144 do CPC. É que nessas hipóteses haverá uma presunção absoluta de imparcialidade do juiz, e por essa razão, o vício sobrevive ao trânsito em julgado da decisão, podendo ser alegada em qualquer tempo.

A preclusão do direito de excepcionar de suspeição ocorrerá em momentos diversos do processo, tendo como parâmetro, em relação a ambas as partes, mas deverá ser arguida no primeiro momento de sua manifestação após a ciência do fato. Passada esta primeira oportunidade sem manifestação – seja do réu ou do autor – estará preclusa. O parágrafo único do art. 801 da CLT é claro em estabelecer as situações que determinam o momento a partir do qual haverá preclusão:

> "Se o recusante houver praticado algum ato pelo qual haja consenso na pessoa do juiz, não mais poderá alegar exceção de suspeição, salvo sobrevindo novo motivo. A suspeição não será também admitida, se do processo constar que o recusante deixou de alegá-la anteriormente, quando já a conhecia, ou que, depois de conhecida, aceitou o juiz recusado ou, finalmente, se procurou de propósito o motivo de que ela se originou."

Observe-se que o marco da preclusão quanto à exceção de suspeição no processo civil é diverso: o art. 146 do CPC estabelece o prazo de 15 (quinze) dias contado do fato que ocasionou a suspeição.

Oposta a exceção, o juiz suspende o processo, e em se tratando de exceção de incompetência o juiz abre vista dos autos ao exceto para manifestação em 24 horas improrrogáveis, devendo a decisão ser proferida na primeira audiência ou sessão que se seguir. Apresentada a exceção de suspeição ou impedimento, o juiz ou Tribunal designará audiência no prazo de 48 horas, para julgamento e instrução da exceção.

No entanto, com o fim das Juntas de Conciliação e Julgamento, a doutrina defende que a competência para decidir as exceções de impedimento e suspeição deixou de ser do juiz, que estabelece a competência do juízo *ad quem*, pois o juiz é parte diretamente interessada.

Defesa indireta contra o processo de caráter peremptório

Também conhecidas como objeção ou preliminares processuais arguidas em contestação.

Preliminares são matérias de defesa processual que o réu deve suscitar ao juiz antes de adentrar a procedência ou improcedência dos fatos e pedidos descritos na petição inicial. O art. 337 do CPC estabelece que antes de discutir o mérito dos pedidos, o réu deve alegar como preliminares na contestação as seguintes matérias:

I – Inexistência ou nulidade da citação;

II – Incompetência absoluta e relativa;

III – Incorreção do valor da causa;

IV – Inépcia da petição inicial;

V – Perempção;

VI – Litispendência;

VII – Coisa julgada;

VIII – Conexão;

IX – Incapacidade da parte, defeito de representação ou falta de autorização;

X – Convenção de arbitragem;

XI – Ausência de legitimidade ou de interesse processual;

XII – Falta de caução ou de outra prestação que a lei exige como preliminar;

XIII – Indevida concessão do benefício de gratuidade de justiça.

A doutrina nos ensina que as disposições do art. 337 do CPC devem ser analisadas de forma sistemática.

Defesa indireta de mérito (Prejudiciais de mérito)

São matérias arguidas pela reclamada sempre que pretende um pronunciamento de mérito, sem discutir a própria pretensão, quando houver prescrição ou decadência do direito.

Prescrição é a extinção da pretensão do titular do direito violado pelo decurso do tempo estabelecido em lei, no qual permaneceu inerte, de acordo com a tese adotada pelo novo Código Civil em seu art. 189 (violado um direito, nasce para o seu titular uma pretensão, extinta pela prescrição se o titular permanecer inerte).

Alguns autores — Maria Helena Diniz — ainda seguem a tese antiga, de Clóvis Beviláqua, para quem a prescrição é a perda do direito à ação, pelo transcurso do tempo, em razão de seu titular não o ter exercido.

"PRESCRIÇÃO. ARGUIÇÃO EM DEFESA. NÃO APRECIAÇÃO EM SENTENÇA. PRECLUSÃO. Embora arguida a prescrição total e quinquenal, como prejudicial de mérito na peça defensiva, o Juízo de Primeiro Grau não apreciou a matéria quando da decisão de mérito e, não tendo sido essa omissão objeto de embargos de declaração, a hipótese não permite nenhuma outra medida, posto já se encontrar a prestação jurisdicional concluída, estando preclusa a matéria, inviabilizada, por isso, a apreciação pela Instância Revisora. Descabe invocar a Súmula n. 153 do TST que discorre acerca da possibilidade de conhecimento e apreciação da prescrição arguida em sede recursal, ainda que não arguida por ocasião da defesa, não sendo essa a hipótese destes autos, onde, em efetivo houve arguição anteriormente a r. sentença, esta que nada disse, não tendo sido a omissão objeto de embargos, razão porque exsurge preclusa." (TRT/SP – 02437200707002002 – RS – Ac. 10ª T. – 20081042145 – Relª. Sônia Aparecida Gindro – DOE 13.1.2009)

Indenização por dano moral e material decorrente de acidente do trabalho, com origem na relação de emprego, sofre a incidência da prescrição trabalhista, nos termos do art. 7º, XXIX, da CF/88. (TRT/SP – 00953200626202003 – RO – Ac. 3ª T. – 20081100471 – Rel. Sergio J. B. Junqueira Machado – DOE 13.1.2008)

AGRAVO DE PETIÇÃO. EXECUÇÃO FISCAL DE VALORES IRRISÓRIOS. PRESCRIÇÃO. DECLARAÇÃO DE OFÍCIO. Decorridos mais de 05 (cinco) anos de arquivamento dos autos sem baixa na distribuição, nas execuções fiscais de valores irrisórios, e, intimada a se pronunciar sobre o decurso do prazo de que trata o § 4º do art. 40 da Lei n. 6.830/80, acrescentado pela Lei n. 11.051/2004, a exequente alega inexistência de inércia de sua parte, vez que determinado o arquivamento do feito com fundamento no art. 20 da MP n. 1973-67, cabe ao Judiciário declarar, de ofício, a extinção do crédito tributário, pela prescrição intercorrente. Consequentemente, não será juridicamente viável à Fazenda Pública a dedução de sua pretensão em juízo, posto que esta, também, estará extinta. Agravo de petição a que se nega provimento. (TRT/SP – 00206200646602007 Ac. 3ª T. – 20090051526 – Relª. Maria Doralice Novaes – DOE 20.2.2009)

PRESCRIÇÃO. APOSENTADORIA ESPONTÂNEA. EXTINÇÃO DO CONTRATO DE TRABALHO. FGTS. MULTA DE 40%. A aposentadoria espontânea não provoca a extinção do contrato de emprego se o empregado permanece prestando serviços ao empregador após a jubilação. Todavia, não havendo continuidade na prestação de serviços e discutindo-se o direito à multa de 40% do FGTS, o prazo prescricional começa a fluir do evento da aposentadoria. Recurso a que se nega provimento. (TRT/SP – 01859200705602004 – RO – Ac. 8ª T. – 20090088926 – Relª. Silvia T. de Almeida Prado – DOE 3.3.2009)

PRESCRIÇÃO INTERCORRENTE. INADMISSIBILIDADE NO PROCESSO DO TRABALHO. A lei trabalhista denota a relevância com que o legislador tratou a fase de execução, uma vez que possibilitou a qualquer interessado, bem como autorizou ao próprio juiz, de ofício, que promova a execução do título judicial, conferindo interesse público ao procedimento executório. A execução trabalhista não é uma ação propriamente dita, mas uma fase imediatamente posterior ao rito de conhecimento. Desta forma, não se sujeita aos mesmos limites temporais daquele no que tange à prescrição. Nos termos do disposto na Súmula n. 114 do TST, é inadmissível a prescrição intercorrente nesta Justiça Especializada. (TRT/SP – 00310200440202000 – AP – Ac. 4ª T. – 20090094365 – Rel. Sergio Winnik – DOE 6.3.2009)

Decadência é a perda de um direito em decorrência da ausência de seu exercício, ou seja, por não ter sido exercido dentro do prazo legal. Na decadência é o próprio direito e não apenas a faculdade de propor a ação que se perde, ou, conforme a nova doutrina, a pretensão (prescrição).

O art. 193 do novo Código Civil estabelece que a prescrição possa ser arguida em qualquer grau de jurisdição a quem ela aproveita, no entanto, a Súmula n. 153 do TST estabelece que "não se conhece da prescrição não arguida na instância ordinária".

Por instância ordinária compreende-se a fase do processo caracterizada pelo exame amplo das questões componentes da lide, quer seja matéria de direito, quer seja matéria de fato. Trata-se, pois, da fase processual de contraditório e da oportunidade de veiculação de matérias novas, e por essa razão, pode-se afirmar que até em razões de recurso ordinário, ou em razões de recurso ordinário adesivo, é cabível a arguição da prescrição.

Na sustentação oral já não é mais possível porque não há como ser assegurado o contraditório. E também não pode ser arguida em embargos de declaração, pois estes somente têm cabimento em caso de omissão, obscuridade e contradição, não sendo hábil para veicular alegações novas.

Defesa de mérito

Em relação ao mérito poderá o reclamado adotar duas modalidades de defesa:

1. Defesa direta de mérito: Negação do fato constitutivo do direito do autor. Ex.: Não é empregado.

2. Defesa indireta de mérito: Reconhece o fato constitutivo do direito, mas opõe um fato extintivo (já foi efetuado o pagamento, transação, prescrição etc.), impeditivo, (dispensa se deu por justa causa, não é devido à indenização) ou modificativo do direito do autor (reclamante pede reajuste salarial previsto em norma coletiva de 6% a partir de janeiro). Exemplo: a empresa alega que o reajuste é para ser pago somente a partir de maio.

Compensação

Também por se tratar de defesa indireta de mérito, sempre que duas pessoas reúnem entre si as qualidades de credoras e devedoras reciprocamente, poderão requerer ao juiz que os créditos sejam compensados.

Trata-se de instituto do direito material e, no processo do trabalho, só podem ser compensadas dívidas de natureza trabalhista (Súmula n. 18 do TST), só pode ser invocado como matéria de defesa, ou seja, na contestação. Impossível ser requerida na fase recursal ou na fase de execução (Súmula n. 48 do TST).

A compensação não se confunde com dedução, pois aquela para ser deferida necessita ser requerida (pedido expresso), enquanto que esta pode ser concedida de ofício para evitar-se enriquecimento sem causa.

A retenção

Consiste no direito da reclamada manter em seu poder (reter) alguma coisa do autor reclamante até que o mesmo quite sua dívida com a empresa, só podendo ser arguida como matéria de defesa, no prazo desta sob pena de preclusão. Ex.: contribuições de imposto de renda ou previdenciárias incidentes sobre valores que devem ser recolhidos pelo empregador de valores pagos ao reclamante (art. 46 da Lei n. 8.541/92).

A reconvenção

Não se trata de modalidade de resposta do réu. Consiste em um contra-ataque do réu em face do autor no mesmo processo, dando origem a uma nova demanda com os polos invertidos: O autor passa a ser réu e o réu, autor na demanda reconvencional. Na reconvenção há uma cumulação objetiva de ações (principal e reconvenção). Lembrando que pelo novo CPC, a reconvenção deve ser um pedido formulado no corpo da contestação.

Deve ser proposta no prazo de defesa

Por ser facultativa, caso não seja intentada no prazo mencionado, persistirá a possibilidade do direito ser pleiteado de forma autônoma (entretanto, se proposta a ação independente antes da sentença, também ocorrerá à conexão).

Processamento: Apresentada a reconvenção, o juiz deverá conceder prazo para o reclamante se manifestar sobre a reconvenção de no mínimo 5 (cinco) dias, salvo se abrir mão desse prazo e oferecer sua defesa na própria audiência.

Embora sejam processadas no mesmo processo, ambas as ações têm vida própria, de maneira que se o reclamante não contestar a reconvenção será revel e confesso quanto à matéria de fato tratada na reconvenção.

A desistência da ação, por parte do autor, não implica na desistência da reconvenção, que será processada normalmente até a sentença, o mesmo acontecendo em caso de desistência da reconvenção.

Nas ações dúplices como no caso do inquérito para apuração de falta grave, é controvertido o cabimento de reconvenção, salvo se o objeto da reconvenção for mais amplo do que a ação.

O princípio da impugnação especificada aplica-se no processo do trabalho.

Segundo as regras estabelecidas por este princípio, não se admite a contestação de forma genérica.

A contestação por negativa geral é ineficaz e redunda em serem presumidos como verdadeiros os fatos articulados na petição inicial, salvo se apresentada por advogado dativo, curador especial ou órgão do Ministério Público. De acordo com o princípio da eventualidade, todos os meios de defesa devem ser apresentados em uma única oportunidade processual, ou seja, deve ser arguida no momento da contestação toda a matéria de defesa sob pena de preclusão, salvo direito superveniente, questões de ordem pública ou matérias que a lei permite serem conhecidas a qualquer tempo e grau de jurisdição.

Das provas

Como conceito de prova temos o conjunto dos meios empregados para demonstrar a existência de um ato jurídico ou a demonstração da verdade de um fato, controvertido, relevante para a solução do litígio.

Nessa linha, o novo CPC, precisamente no art. 369, determina: "As partes têm o direito de empregar todos os meios legais, bem como os moralmente legítimos, ainda que não especificados neste Código, para provar a verdade dos fatos em que se funda o pedido ou a defesa e influir eficazmente na convicção do juiz".

O objeto da prova, via de regras, provam-se os fatos não o direito. O direito o juiz conhece é a aplicação do apótema latino "*da mihi factum, dabo tibi jus*". Excepcionalmente, determina a lei que a parte deverá provar não só o fato, mas também o direito. A parte que alegar direito estadual, municipal, estrangeiro ou consuetudinário deverá fazer prova de seu teor e sua vigência, se o juiz assim exigir. O mesmo se dá com as Convenções Coletivas de Trabalho, Acordos Coletivos de Trabalho e regulamento de empresa. No entanto, tratando-se de direito federal há uma presunção absoluta que o juiz o conhece.

O art. 374 do CPC enumera os fatos que independem de prova, a saber:

Fato notório: Aquele que é de conhecimento geral do Grupo Social onde ele ocorreu ou desperta interesse. Exemplo citado por Carlos Henrique Bezerra Leite: é desnecessário provar que por ocasião das festas de final de ano as vendas crescem no comércio.

Fatos incontroversos: Alegados e não contestados pelo réu.

Fatos cuja existência legal é presumida: ou aqueles com presunção de veracidade ou de existência. Ex.: O reclamante não precisa provar que sofreu coação ao aceitar uma alteração contratual ilícita.

Fatos irrelevantes: São aqueles que não tenham nexo de causalidade com o tema posto em discussão.

O art. 818 da Consolidação das Leis do Trabalho estabelece que no processo do trabalho a prova das alegações incumbe à parte que as fizer.

Complementando a matéria, o art. 373 do Código de Processo Civil estabelece que o ônus da prova *incumbe* ao autor quanto ao fato constitutivo de seu direito e ao réu quanto à existência de fato impeditivo, modificativo ou extintivo do direito do autor.

Em algumas situações a jurisprudência altera essa regra. Ex.: Jornada de trabalho — Súmula n. 338. "É ônus do empregador que conta com mais de 10 empregados o registro da jornada de trabalho. A não apresentação injustificada dos controles de frequência gera presunção relativa de veracidade da jornada de trabalho declinada pelo que pode ser elidida por prova em contrário".

No que diz respeito à existência da relação de emprego, admitida pela reclamada a prestação de serviços, é desta o ônus de provar que a relação havida não era de emprego.

Ainda, a Súmula n. 212 do TST estabelece que o ônus de provar o término da relação de emprego, quando negados a prestação de serviços e o despedimento é do empregador, em vista do princípio da continuidade da relação de emprego.

Também o Código de Defesa do Consumidor consagra a inversão do ônus da prova, como um direito do consumidor, com a finalidade de facilitar a defesa e seus direitos, quando a critério do juiz, for verossímil a alegação ou quando for ele hipossuficiente segundo as regras ordinárias de experiência.

Nosso ordenamento jurídico adota o sistema da livre persuasão racional, ou seja, o juiz tem liberdade de avaliação da prova, não está vinculado a valores probatórios preestabelecidos (sistema da prova legal); mas sua liberdade não é total: Não está livre para julgar sem provas ou contra as provas dos autos; devendo sempre motivar suas decisões.

Princípios em matéria de provas

a) Princípio do contraditório: Art. 5º, inciso LV, apresentada a prova em juízo a parte contrária deve ter o direito de sobre ela se manifestar;

b) Princípio da igualdade de oportunidade de prova: Autor e réu devem ter igual oportunidade de produzir provas no momento processual adequado a isso;

c) Princípio do livre convencimento motivado (ou persuasão racional): O juiz aprecia livremente as provas produzidas em juízo, mas deve dar as razões de seu convencimento quando da sentença;

d) Princípio da oralidade: As provas devem ser realizadas, preferencialmente, na audiência de instrução e julgamento;

e) Princípio da identidade física do juiz: O juiz que inicia a colheita da prova deve terminá-la e proferir a sentença. Este princípio não era aplicável ao processo do trabalho quando os julgamentos eram realizados por colegiados (Vara do Trabalho que ainda funcionasse como órgão colegiado ou nas antigas Juntas de Conciliação). Hoje, aplica-se na JT de primeira instância;

f) Princípio da aquisição processual ou da comunhão da prova: Trazida a prova a juízo ela passa a pertencer ao processo, não mais podendo ser extraída ou desconsiderada, pouco importando saber quem a produziu. Assim, o reclamante ou o reclamado não podem, por exemplo, pedir que seja desconsiderado determinado testemunho de autoria de testemunha por eles trazida a juízo sob o argumento que depôs contra quem a trouxe;

g) Princípio da unidade da prova: A prova deve ser examinada no seu conjunto e não de forma isolada;

h) Princípio da proibição da prova obtida por meio ilícito: São inadmissíveis as provas obtidas por meio ilícito. No entanto, em algumas situações este princípio é abrandado utilizando-se o princípio da proporcionalidade. Ex.: Assédio sexual.

i) Prova de fato negativo: Durante muito tempo entendia-se ser dispensável a prova de prova de fato negativo, sob a alegação de que ônus da prova era de quem os afirmava. No entanto, quando a negativa resulta em uma afirmação, impõe-se a obrigação de quem alega o fato de ter que prová-lo. Ex.: Empregador ao alegar que não dispensou o empregado, está implicitamente alegando abandono de emprego.

A Constituição Federal no art. 5º, inciso LVI, estabelece: "São inadmissíveis, no processo, as provas obtidas por meios ilícitos". Também o art. 369 do Código de Processo Civil deixa certo que todos os meios legais, bem como quaisquer outros não especificados em lei, desde que moralmente legítimos, são hábeis para provar a verdade dos fatos em que se funda a ação ou a defesa.

Terminado a defesa, seguir-se-á a instrução do processo, podendo o juiz de ofício interrogar os litigantes.

A doutrina costuma distinguir o depoimento pessoal do interrogatório das partes, apontando que o interrogatório consiste na oitiva das partes pelo Juiz, por sua iniciativa, a qualquer momento, e o depoimento pessoal deve ser requerido pela parte contrária para ser realizado.

Analisando a norma processual trabalhista verificamos que o legislador celetista só cuidou do interrogatório das partes, consistindo assim, em uma faculdade do juízo, mas que em obediência ao princípio do contraditório e da ampla defesa, só deve ser indeferido se o juiz já firmou seu convencimento.

A finalidade do depoimento pessoal é a obtenção da confissão real.

A confissão é a declaração que uma das partes faz da verdade dos fatos afirmados pela parte e favorável a este.

A confissão pode ser:

- Espontânea, assim considerada aquela feita deliberadamente pela parte;
- Provocada, quando for obtida através de depoimento pessoal.

- Ficta ou presumida corresponde à presunção da verdade dos fatos narrados, a qual poderá ser ilidida por prova em sentido contrário já existente nos autos; a confissão é presumida por ausência de contestação, ausência na audiência de instrução ou escusa injustificada em responder as perguntas feitas em juízo.

A confissão espontânea ou provocada, ao contrário da confissão ficta, faz prova plena das alegações e é irrevogável, salvo se ficar demonstrado que foi obtida com vício do consentimento como erro, dolo ou coação, e uma vez confessados os fatos retira da parte a quem aproveita o ônus de provar.

O juiz tem o dever de acatá-la, relevando inclusive pequenos defeitos da petição inicial.

A confissão é indivisível, deve ser considerada por inteiro, não podendo ser aceita na parte que beneficia a parte e rejeitada na parte que lhe é desfavorável (aplicação do art. 395 do CPC).

Instrumentos de revogação: A confissão viciada pode ser revogada através de ação anulatória, se ocorrer no curso do processo, ou por ação rescisória se ação já tiver sentença com trânsito em julgado.

Diferença entre confissão e reconhecimento jurídico do pedido: o reconhecimento jurídico do pedido é mais amplo que a confissão. A confissão versa apenas sobre os fatos controvertidos da causa e o reconhecimento jurídico do pedido abrange todo o pedido; a confissão é apreciada na sentença (mérito), e o reconhecimento jurídico do pedido é causa de extinção do processo com julgamento do mérito.

O documento é todo objeto suscetível de servir de prova a alguma proposição, não só escrita, também fotos, gráficos, desenhos etc., a prova documental vem tratada na CLT onde se tem que "o documento oferecido para prova só será aceito se estiver no original ou em certidão autêntica, ou quando conferida a respectiva pública forma ou cópia perante o juiz ou tribunal".

No entanto, a doutrina e a jurisprudência entendem (OJ n. 36, SDI-I) que se tratando de documento comum às partes (Convenção Coletiva, Acordo Coletivo, Sentença Normativa), cujo conteúdo não é impugnado, o mesmo possui validade, o fato de não estar autenticado não o invalida, cabendo à parte que o impugnar comprovar eventual falsidade.

A CLT estabelece que os documentos essenciais à propositura da ação, em que devem ser juntados com a petição inicial e os referentes a provas das alegações de defesa devem ser apresentados com a contestação.

A juntada de documento novo só é admitida quando destinado a fazer prova de fatos ocorridos depois dos articulados ou para contrapor aos que foram produzidos nos autos (Súmula n. 8), sendo certo que o juiz sempre deverá conceder prazo para manifestação, sobre eles.

O descumprimento destas regras pode ensejar o encerramento da instrução, salvo motivo relevante, com a desconsideração do documento juntado serodiamente (fora de prazo).

A parte contra a qual tiver sido apresentado o documento poderá, no prazo da contestação ou de 10 (dez) dias, contados da ciência da sua juntada aos autos, arguir sua falsidade ou não autenticidade.

Esse incidente pode ser interposto em qualquer fase do processo e em qualquer grau de, sendo a parte que produziu o documento intimada para se manifestar no prazo de 10 (dez) dias, em seguida o juiz ordenará o exame pericial nos autos.

A perícia não se realizará se a parte que produziu o documento concordar em retirá-lo e a parte contrária não se opuser ao desentranhamento. O incidente de falsidade documental suspenderá o processo principal, e a decisão que julga o incidente trata-se de decisão interlocutória.

No processo do trabalho devem ser provados necessariamente por documentos: o pagamento de salários (salvo se o empregado afirmar que realmente recebeu), o acordo de prorrogação de jornada, concessão e pagamento de férias.

A prova do contrato de trabalho pode ser feita pelas anotações da CTPS, ou por instrumento escrito, e pode ser por todos os meios de provas em direito permitidos, no entanto, existem alguns contratos de trabalho (atleta profissional, trabalho temporário, aprendiz, etc.) que por força de lei devem ser celebrados por escrito.

Prova técnica ou científica pode ser utilizada quando falta ao juiz conhecimentos técnicos ou científicos sobre o assunto. No processo do trabalho, a prova pericial pode ser requerida ou determinada de ofício pelo juiz. No entanto, é obrigatória quando houver pedido de adicional de periculosidade ou insalubridade.

O juiz não está vinculado ao laudo, podendo formar sua convicção com outros elementos existentes nos autos, e sempre que entender não estar suficientemente esclarecido, poderá determinar nova perícia sobre os mesmos fatos, a qual não substitui a primeira, e será analisado livremente o valor de cada uma delas.

No processo do trabalho, a Lei n. 5.584/70 prevê que a perícia será realizada por um só perito, nomeado pelo juiz, que lhe fixará prazo para entrega do laudo; as partes podem nomear assistentes técnicos que apresentarão suas conclusões no mesmo prazo concedido ao perito oficial, sob pena de desentranhamento dos autos.

Aplicam-se aos peritos (não aos assistentes) as causas de suspeição e impedimento.

O perito poderá no prazo de 5 (cinco) dias da intimação ou do impedimento superveniente, sob pena de presumir-se que renuncia do direito de alegá-la, recusar o encargo. O art. 790-B da CLT estabelece que a responsabilidade pelo pagamento dos honorários periciais é da parte sucumbente na pretensão objeto da perícia, salvo se beneficiária da justiça gratuita, e nas ações decorrentes de relação de emprego não pode ser exigido depósito prévio de honorários periciais (OJ 98), salvo se tratar de lide decorrente de relação de trabalho (IN n. 27/2005, art. 6º).

Conceito: Testemunha é a pessoa naturalmente capaz, que sem ter interesse no litígio é convidada para depor sobre fatos que presenciou e são discutidos na causa.

Testemunhar não é uma faculdade, mas sim um dever público de colaboração com o Estado, encarregado de fazer a entrega da prestação jurisdicional, salvo se se tratar de fatos que lhe acarretem grave dano, bem como a seu cônjuge ou a seus parentes consanguíneos ou afins, ou em se tratando de fatos, cujo respeito, por estado ou profissão, deva guardar sigilo.

Não podem depor como testemunhas os incapazes (menor de 18 anos, interditado por demência, acometido por enfermidade mental e os cegos e surdos quando a ciência do fato depender dos sentidos que lhes faltam).

- Os impedidos (cônjuge, ascendentes ou descendentes, colaterais até o terceiro grau, por afinidade ou consanguinidade);
- Os suspeitos (condenados em definitivo por falso testemunho, inimigos capitais ou amigos íntimos e os que tiverem interesse no litígio).

Número de testemunhas: No processo do trabalho são admitidas até três testemunhas para cada parte no procedimento ordinário; quando a ação se processa pelo rito sumaríssimo admite-se até duas para cada parte, e em se tratando de inquérito para apuração de falta grave este número sobe para seis para cada parte.

Contraditar a testemunha significa arguir seu impedimento, incapacidade ou suspeição.

Deve ser realizada até antes do início do depoimento, após a qualificação da testemunha. Se não for feita nessa oportunidade, a contradita estará preclusa.

O juiz pode ouvir testemunhas impedidas ou suspeitas como informantes se julgar necessário (art. 405, § 4º).

O art. 829 da CLT dispõe: A testemunha que for parente até o terceiro grau civil, amigo íntimo ou inimigo de qualquer das partes, não prestará compromisso, e seu depoimento valerá como simples informação.

A Súmula n. 357 do TST estabelece que não torna suspeita a testemunha o fato de estar litigando ou ter litigado contra o mesmo empregador.

> CERCEAMENTO DE DEFESA. CONTRADITA. AMIZADE ÍNTIMA. Testemunha conduzida pela reclamante que, contraditada sob fundamento de amizade íntima, confirma ter sido visitada pela reclamante quando se encontrava doente, assim como quando se mudou para o interior do Estado, vez que a família da reclamante residia numa cidade, denota não se tratar apenas de uma colega de trabalho, mais confirmando suas declarações amizade íntima, hipótese em que não poderia mesmo como ser ouvida validamente sem a pecha da suspeição. "Preliminar de cerceio de defesa que se rejeita." (TRT/SP – 01029200802402003 – RS – Ac. 10ª T. – 20081077542 – Relª. Sônia Aparecida Gindro – DOE 13.1.2009)

Prova testemunhal. Valoração. Prevalência, como regra, do convencimento do Juiz que colheu a prova. Deve ser prestigiado, como regra, o convencimento do juiz que colheu a prova. Ele, afinal, é que manteve o contato vivo, direto e pessoal com as partes e testemunhas, medindo-lhes as reações, a segurança, a sinceridade, a postura. Aspectos, aliás, que nem sempre se exprimem, que a comunicação escrita, dados os seus acanhados limites, não permite traduzir. O juízo que colhe o depoimento "sente" a testemunha. É por assim dizer um testemunho do depoimento. Convencimento, portanto, melhor aparelhado e que, por isso, deve ser preservado, salvo se houver elementos claros e contundentes a indicar que a prova diz outra coisa. Recurso da ré a que se nega provimento. (TRT/SP – 01317200846302003 – RS – Ac. 11ª T. – 20090035750 – Rel. Eduardo de Azevedo Silva – DOE 17.2.2009)

A Consolidação das Leis do Trabalho é omissa, mas aplicando-se subsidiariamente no processo do trabalho o art. 481 do CPC, de maneira que, o Juiz do Trabalho pode, de ofício ou atendendo requerimento, inspecionar coisas e pessoas.

Inspeção judicial trata-se da percepção sensorial direta do juiz com a finalidade de colher esclarecimentos quanto a fato, qualidade ou circunstâncias corpóreas de pessoas ou coisas. Nos termos do disposto no art. 483, parágrafo único, do CPC, as partes têm sempre o direito de assistir a inspeção, prestando esclarecimentos e observações que reputem importantes para a causa.

Depois de concluída a inspeção, será lavrado um termo circunstanciado contendo tudo que for útil ao julgamento da causa, podendo ser instruído o termo com fotos, gráficos ou desenhos.

Sempre que o juiz indeferir prova, será necessária e hábil a confirmar em juízo as alegações da parte, sem motivo justificável, estará violando o direito da parte de produzir em juízo a prova de suas alegações e, portanto, gerando nulidade processual consubstanciada em cerceamento de defesa.

Dá-se o nome de prova emprestada na transferência para o processo de provas que foram produzidas em outro processo, mediante certidão. De regra, a prova deve ser produzida no próprio processo, mas, excepcionalmente, admite-se a utilização da prova emprestada no processo trabalhista.

Exemplo de perícia de insalubridade ou periculosidade quando o local foi desativado.

ÔNUS DA PROVA. MOMENTO DA FIXAÇÃO DAS REGRAS. As regras do ônus da prova, em cada processo *sub judice*, são fixadas de conformidade com a lide, ou seja, alegações na inicial e defesa, nos exatos termos do art. 373, do CPC. Não há falar em inversão do ônus da prova, após a produção das mesmas, que teriam demonstrado um ou alguns fatos negados na defesa. Negada a prestação de serviços e todos os demais fatos pertinentes ao contrato de trabalho, a prova de algum trabalho, não permite ao julgador aplicar a regra da inversão do ônus da prova, como se o reclamado houvesse reconhecido a prestação de serviços. Recurso ordinário desprovido. (TRT/SP – 00538200539102002 – RO – Ac. 5ª T. – 20081100820 – Rel. Fernando Antonio Sampaio da Silva – DOE 23.1.2009)

Encerrada a instrução, colhida toda a prova sobre a matéria de fato tratada no processo, inicia-se a fase decisória. No entanto, o juiz, antes de proferir a decisão, concederá às partes a oportunidade de aduzirem suas razões finais.

Razões finais

Alegações finais ou razões finais é o momento processual de grande importância, em que é concedida aos litigantes a oportunidade ser requerida a revisão do valor da causa fixado pelo juiz, a declaração de nulidades sobre as quais a parte ainda não pode se pronunciar, como também apresentarem um resumo dos fatos acontecidos no processo desde o início da ação até o final da instrução, com a finalidade de ser aprimorado o convencimento do juiz, ressaltando-se os pontos favoráveis da parte que a está produzindo.

FUNDAMENTAÇÃO LEGAL: O art. 850 da CLT estabelece que "terminada a instrução poderão as partes aduzir razões finais...".

FORMA: Podem ser feitas oralmente, em audiência, após o final da fase de instrução, em 10 minutos. Mas pode ocorrer de ser concedido prazo para a apresentação das razões finais por escrito.

CONSEQUÊNCIA DA NÃO APRESENTAÇÃO: Razões finais são de apresentação facultativa. A não apresentação não terá como consequência, de regra, prejuízo direto ou indireto de ordem processual.

RAZÕES FINAIS NO RITO SUMARÍSSIMO: Não há previsão legal de razões finais quando a ação se processa pelo rito sumaríssimo e ficará ao critério do juiz autorizá-las ou não.

Após a apresentação das razões finais e antes da sentença, o Juiz do Trabalho deverá renovar a proposta de conciliação. Se houver acordo, não haverá julgamento.

5

Recursos Trabalhistas

Importante salientar antes de adentrarmos no tema recursos, propriamente dito, se faz necessário abordarmos o tema sentença.

Sentença

Antes de adentrarmos aos modelos de recursos, temos que abordar o tema sentença e tratamos, num primeiro momento, seus elementos.

a) Relatório;

b) Fundamentação; e

c) Dispositivo

Art. 489 do NCPC – São elementos essenciais da sentença:

I – O relatório, que conterá os nomes das partes, a identificação do caso, com a suma do pedido e da contestação, e o registro das principais ocorrências havidas no andamento do processo;

O relatório é requisito essencial e indispensável da sentença e sua falta prejudica a análise desta, acarretando sua nulidade (STJ – Resp. n. 25.082/RJ). A doutrina majoritária afirma ser nulidade absoluta, mas alguns afirmam se tratar de nulidade relativa.

Relatório *Per Relationem* – O STJ admite a figura do relatório *per relationem* (Ag. Regm. no Ag. 451747/SP). Este relatório é aquele feito apenas por referência a outro anteriormente lançado nos autos, como, por exemplo, em acórdãos, com a utilização do relatório da sentença impugnada, além dos principais atos praticados depois da sentença.

Dispensa nos Juizados Especiais – Em sede de juizado especial é possível à prolação de sentença sem relatório (art. 38 da Lei n. 9.099/95).

II – Os fundamentos, em que o juiz analisará as questões de fato e de direito;

Efeitos da Ausência – A exigência de fundamentação é constitucional, prevista no art. 93, IX da CF. Assim, toda decisão deve ser fundamentada sob pena de nulidade (absoluta).

Recursos – Havendo falta de fundamentação, o recurso adequado é a apelação com a alegação de *error in procedendo* intrínseco, ainda que excepcionalmente possam ser admitidos embargos de declaração com efeitos infringentes.

A divergência que pairava à época do CPC de 1973, acerca da possibilidade ou não do Tribunal de segundo grau anulasse a sentença e passasse imediatamente à prolação de uma nova decisão de mérito, foi resolvida pelo art. 1.013, § 3º, IV, do NCPC, que prevê expressamente a aplicação da teoria da causa madura na hipótese de nulidade de sentença por falta de fundamentação.

Coisa Julgada e Fundamentação – Regra geral: a fundamentação não faz coisa julgada material (art. 504, I do NCPC).

Apesar de suficiente previsão constitucional contida no art. 93, IX, da CF, o NCPC também consagra expressamente o princípio da fundamentação das decisões judiciais ao prever em seu art. 11 que todos os julgamentos dos órgãos do Poder Judiciário serão públicos e fundamentadas todas as decisões sob pena de nulidade. O NCPC, entretanto, foi muito além, ao prever expressamente hipóteses em que a decisão judicial não pode ser considerada como fundamentada. No caso em concreto, interpretação diversa da disposição do art. 489, § 1º, do NCPC viola a integridade do Direito.

> Art. 489, § 1º, do NCPC – Não se considera fundamentada qualquer decisão judicial, seja ela interlocutória, sentença ou acórdão, que:
>
> I – Se limitar à indicação, à reprodução ou à paráfrase de ato normativo, sem explicar sua relação com a causa ou a questão decidida – Cabe ao juiz, portanto, expor em seu pronunciamento decisório a interpretação que fez da norma jurídica aplicável ao caso concreto e a correlação entre elas e os fatos do caso concreto.
>
> II – Empregar conceitos jurídicos indeterminados, sem explicar o motivo concreto de sua incidência no caso — a legislação moderna cada vez mais vem se utilizando de conceitos vagos e indeterminados, cujo referencial semântico não é tão nítido, como meio de adequar-se à realidade em que hoje vivemos caracterizadas pela velocidade com que as coisas acontecem e os relacionamentos sociais se modificam. Dessa forma, os conceitos vagos podem abranger um maior número de situações concretas. Daí a necessidade de o juiz explicar o motivo da incidência do conceito vago ao caso concreto, para evitar a arbitrariedade na sua aplicação nas decisões judiciais.
>
> III – Invocar motivos que se prestariam a justificar qualquer outra decisão — é o que comumente ocorre quando o juiz, por exemplo, defere uma liminar, afirmando tão somente que estão presentes os pressupostos legais. Ao julgador cabe justificar o seu posicionamento, de maneira clara e precisa, não podendo, simplesmente, proferir uma decisão "padrão", ou "estereotipada".
>
> IV – Não enfrentar todos os argumentos deduzidos no processo capazes de, em tese, infirmar a conclusão adotada pelo julgador — o juiz tem o dever de enfrentar as alegações das partes e confrontá-las com o caso concreto e a legislação, principalmente aquelas que levariam a uma conclusão diversa. A fundamentação incompleta, para o NCPC, não é admissível. É o que se passa quando o juiz se limita a mencionar as provas que confirmam sua conclusão, desprezando as demais, como se fosse possível uma espécie de seleção artificial e caprichosa em matéria probatória.
>
> V – Se limitar a invocar precedente ou enunciado de súmula, sem identificar seus fundamentos determinantes nem demonstrar que o caso sob julgamento se ajusta àqueles fundamentos — o juiz tem de demonstrar a semelhança do caso concreto com o precedente utilizado ou com

o quadro fático que ensejou a elaboração de súmula, para justificar sua utilização. Incumbe-lhe, enfim, demonstrar a pertinência com o caso concreto.

VI – Deixar de seguir enunciado de súmula, jurisprudência ou precedente invocado pela parte, sem demonstrar a existência de distinção *distinguishing* no caso em julgamento ou a superação *overruling* do entendimento — Pelo que se compreende do dispositivo legal, se o juiz considerar que o processo apresenta crise jurídica apta a ser resolvida pelo enunciado de súmula ou precedente com eficácia vinculante, e que não esteja superado o entendimento consagrado, e ainda assim decidir pela não aplicação por não concordar com tal entendimento, a decisão será nula por falta de fundamentação.

Fundamentação *Per Relationem* – Trata-se de técnica de fundamentação referencial pela qual se faz expressa alusão à decisão anterior ou parecer do Ministério Público, incorporando, formalmente, tais manifestações ao ato jurisdicional. É necessário, contudo, que a remissão não seja puramente genérica, devendo, de alguma forma, evidenciar os fundamentos apropriados da decisão ou parecer referido, para permitir a compreensão exata da decisão tomada no caso concreto. Contudo, a doutrina majoritária, em razão das exigências do § 1º do art. 489 do NCPC, entende que a referida técnica de fundamentação restou impossibilitada para o juiz.

Tal forma de fundamentação é expressamente vedada pelo art. 1.021, § 3º, do NCPC no julgamento do agravo interno, sendo nulo o acórdão desse recurso se limitado a transcrever as razões do decidir monocrático.

Art. 489, § 2º, NCPC – No caso de colisão entre normas, o juiz deve justificar o objeto e os critérios gerais da ponderação efetuada, enunciando as razões que autorizam a interferência na norma afastada e as premissas fáticas que fundamentam a conclusão.

As normas jurídicas são divididas em regras e princípios. No conflito entre regras, existem os critérios tradicionais de solução de conflito: Hierarquia; cronologia; especialidade. O art. 489, § 2º, do NCPC, ao prever expressamente a técnica da ponderação para a solução de colisão de normas, deve ser aplicado a essa espécie de conflitos de princípio, quando o juiz no caso concreto não revoga um deles para aplicar o outro, mas que mantendo seu convívio prioriza um em detrimento de outro.

III – O dispositivo, em que o juiz resolverá as questões principais que as partes lhe submeterem.

Conceito – É a conclusão que chega ao magistrado sobre o acolhimento ou da rejeição do pedido do autor. Este se divide em dois:

Dispositivo direto – No dispositivo direto o juiz indica expressamente o bem da vida obtido pelo autor.

Dispositivo indireto – No dispositivo indireto o juiz acolhe o pedido do autor sem a indicação do bem da vida obtido, limitando-se a julgar procedente o pedido e a fazer a remissão à pretensão do autor.

Coisa julgada e dispositiva – Em regra, o dispositivo é a única parte da sentença que ficará acobertada pela coisa julgada material.

Ausência – Sua ausência implica a inexistência do ato judicial, por se tratar de um vício extremamente grave (900.561/SP).

Dessa forma, tratando-se de inexistência jurídica, mesmo após o trânsito em julgado da decisão, é admissível sua alegação por meio da ação declaratória.

Inversão da ordem dos elementos da sentença – Não configura qualquer vício tal inversão de ordem.

SENTENÇA NO PROCEDIMENTO SUMARÍSSIMO: No procedimento sumaríssimo foi dispensado o relatório, devendo constar da sentença "os elementos de convicção do juízo, com resumo dos fatos relevantes ocorridos em audiência". O juiz adotará em cada caso a decisão que reputar mais justa e equânime, atendendo aos fins sociais e às exigências do bem comum.

Classificação das sentenças quanto à natureza da ação

a) Declaratória: Limita-se a declarar a existência ou inexistência de uma relação jurídica ou a autenticidade ou falsidade do documento;

b) Condenatória: Tipo de sentença mais comum, afirma a existência de um direito e reconhecendo sua violação, impõe ao demandado a obrigação de fazer, não fazer ou pagar algo;

c) Constitutiva: Preferida nas ações de natureza constitutiva, que tem por fim criar, modificar ou extinguir determinada relação jurídica;

d) Mandamental: Proferidas em mandados de segurança.

Classificação das sentenças conforme o resultado da lide

a) Sentença terminativa: Aquela que extingue o processo sem julgamento do mérito nas hipóteses do art. 485 do CPC;

b) Sentença definitiva: Aquela que extingue o processo com julgamento do mérito, conforme art. 487 do CPC.

O juiz deve decidir dentro dos limites do que foi pedido pelo autor. Assim, é vedado ao juiz dar ao autor objeto que ele não pediu (*ultra petita*), deixar de analisar ou de decidir pedidos feitos pelo autor (*citra petita*) ou conceder ao autor coisa diversa da requerida na petição inicial (*extra petita*).

Trata-se do Princípio da Adstrição da Sentença aos Pedidos Formulados:

> Art. 492 do CPC: É defeso ao Juiz proferir sentença a favor do autor de natureza diversa da pedida, bem como condenar o réu em quantidade superior ou em objeto diverso do que lhe foi demandado.

Em caso de julgamento *extra* ou *ultra petita* petição é possível ao tribunal dar à sentença sua exata medida, cortando, por exemplo, o que tiver sido dado a mais ou fora do pedido, por ocasião da análise do recurso ordinário, sem a necessidade de declarar-se a nulidade da sentença.

Ressalte-se, também, que em algumas situações o próprio legislador autoriza o julgamento *extra* e *ultra petita*.

No entanto, no caso de julgamento *citra petita*, tem-se entendido que a solução mais correta é a declaração da nulidade da sentença porquanto não poderia o tribunal pronunciar-se sobre o pedido não decido em primeira instância, sob pena de prejuízo ao duplo grau de jurisdição. Contudo, a legislação vigente autoriza o julgamento do mérito de pedidos não apreciados em primeira instância, quando a matéria for exclusivamente de direito, em atenção ao princípio da economia processual.

Há que se ressaltar que juros de mora e correção monetária poderão ser concedidos ainda que não requeridos expressamente, conforme Súmula n. 211 do TST. Juros são aplicados ao principal devidamente corrigido.

A sentença será prolatada na audiência e os litigantes serão notificados na mesma oportunidade, salvo no caso de revelia, quando a notificação deverá ser feita por via postal, no entanto poderão ocorrer três situações diversas:

a) Sentença e sua redação e ciência na própria audiência;

b) Prolação da sentença sem a sua redação: Pode ocorrer de ser proferida em audiência a conclusão da decisão, ficando para ser juntado ao processo em até 48 horas a redação final da sentença. Na primeira hipótese, considera-se que a sentença foi publicada na data da audiência. Na segunda hipótese, considerar-se-á publicada a sentença na data de sua juntada aos autos, sem necessidade de intimação das partes (Súmula n. 197 do TST), se isto ocorrer até 48 horas após a audiência.

Na hipótese de a sentença não ser redigida em audiência ou não ser juntada aos autos no prazo de 48 horas, a Vara do Trabalho deverá expedir intimação às partes da publicação da sentença (Súmula n. 30 do TST).

O art. 852 da CLT determina que seja expedida ao revel a intimação da sentença.

DUPLO GRAU DE JURISDIÇÃO OBRIGATÓRIO: As sentenças proferidas em face de União, Estados e Municípios, suas autarquias e fundações de direito público que não exercem atividade econômica devem obrigatoriamente ser remetidas ao Tribunal Regional do Trabalho, para reexame da condenação, independentemente da apresentação de recurso pelo ente público.

COISA JULGADA: É a qualidade especial da sentença que por força de lei torna-se imutável, ou seja, há a impossibilidade de ser discutido o conteúdo da decisão proferida; a coisa julgada pode ser material ou formal.

COISA JULGADA MATERIAL: O art. 502 do CPC denomina de "coisa julgada material a eficácia que torna imutável e indiscutível a sentença, não mais sujeita a recurso ordinário ou extraordinário". Verificando-se a coisa julgada material, a sentença só poderá ser desconstituída mediante ação rescisória, caso seja demonstrado à existência de vícios. A sentença que aprecia o Mérito faz coisa julgada material e formal.

COISA JULGADA FORMAL: Diz-se coisa julgada formal, a impossibilidade de discutir-se o conteúdo do julgado, dentro do mesmo processo, pelo decurso do prazo de apresentação de recurso, ou pelo trânsito em julgado da decisão, também conhecido como preclusão máxima ou coisa julgada formal. A sentença meramente terminativa, ou seja, aquela que extingue o processo sem julgamento de mérito, não faz coisa julgada material, de maneira que de regra a ação pode ser reproposta, salvo nas hipóteses do art. 485, inciso V, ou seja, em caso de perempção, coisa julgada ou litispendência.

Custas e honorários advocatícios

CUSTAS: São quantias devidas aos serventuários pela prática de atos judiciais. Na Justiça do Trabalho elas revertem ao Estado e por isso têm a natureza de taxa judiciária.

Características:

— São pagas pelo vencido, quando do transito em julgado da ação ou;

— Se houver recurso, no prazo do recurso a partir de 26.09.2002 (data de vigência da Lei n. 10.537/2002). Valor: 2% do valor:

I) Da condenação ou do acordo;

II) Do pedido, quando houver desistência, arquivamento, improcedência;

III) Do valor que o Juiz fixar se a causa for de valor indeterminado. União, Estados e Municípios e suas autarquias e fundações que não desenvolvem atividade econômica e o Ministério Público do Trabalho não pagam custas.

Observação: com a reforma trabalhista temos as novas regras, que dispõe a redação do art. 789 da CLT:

> Art. 789. Nos dissídios individuais e nos dissídios coletivos do trabalho, nas ações e procedimentos de competência da Justiça do Trabalho, bem como nas demandas propostas perante a Justiça Estadual, no exercício da jurisdição trabalhista, as custas relativas ao processo de conhecimento incidirão à base de 2% (dois por cento), observado o mínimo de R$ 10,64 (dez reais e sessenta e quatro centavos) e o máximo de quatro vezes o limite máximo dos benefícios do Regime Geral de Previdência Social, e serão calculadas: (Redação dada pela Lei n. 13.467, de 13.7.2017).
>
> I – Quando houver acordo ou condenação, sobre o respectivo valor;
>
> II – Quando houver extinção do processo, sem julgamento do mérito, ou julgado totalmente improcedente o pedido, sobre o valor da causa;
>
> III – No caso de procedência do pedido formulado em ação declaratória e em ação constitutiva, sobre o valor da causa; (Redação dada pela Lei n. 10.537, de 27.8.2002)
>
> IV – Quando o valor for indeterminado, sobre o que o juiz fixar.

Como vimos acima, fica estabelecido o limite máximo do valor das custas processuais em 4 (quatro) vezes o limite dos benefícios do Regime Geral de Previdência Social. Na redação anterior, não havia limite máximo para a custa, apenas se estipulava o mínimo em discordância com a Súmula n. 667 do STF: "Viola a garantia Constitucional de acesso à jurisdição a taxa judiciária calculada sem limite sobre o valor da causa." Atualmente, o teto previdenciário tem o limite de R$ 22.125,24. O percentual de custas permanece em alíquota de 2%.

HONORÁRIOS ADVOCATÍCIOS: Com a reforma trabalhista, temos as seguintes alterações às regras dos honorários advocatícios.

Não havia previsão legal na Consolidação das Leis do Trabalho (CLT), os honorários de sucumbência eram uma reinvindicação antiga dos advogados, que hoje veem no novíssimo art. 791-A da Lei n. 13.467/2017 uma forma justa de recompensa pelo trabalho realizado.

Como todo regramento jurídico novo, no entanto, o principal desafio da mudança é aplicá-la aos processos já em curso, ou seja, nos que foram distribuídos antes da vigência da Lei n. 13.467/2017. Afinal, nesses casos, os honorários sucumbenciais são ou não devidos?

A resposta a essa questão pode ser encontrada no Direito Processual Civil, que experimentou situação semelhante no início da vigência do Código de Processo Civil, em 2015. Na ocasião, após muita discussão nas instâncias ordinárias, o Superior Tribunal de Justiça — STJ enfrentou o tema pacificando o entendimento de que a aplicação das novas disposições sobre honorários sucumbenciais se daria também nas ações em curso, desde que a prolação da sentença que abordou a questão ocorresse durante a vigência do novo regramento.

Para os ministros do STJ, a sentença, como ato processual que qualifica o nascedouro do direito perseguido na ação, é o marco temporal para aplicação do novo regramento a respeito dos honorários advocatícios.

No ramo do Direito do Trabalho, como o assunto é relativamente novo, suspeitava-se que a modulação do tema seguiria a tendência civilista. E de fato é o que tem acontecido.

Duas decisões, uma proferida pelo Tribunal Regional do Trabalho da 2ª Região (TRT2) e outra pelo Tribunal Superior do Trabalho (TST), indicam uma tendência jurisprudencial, ao utilizarem a mesma lógica importada da Justiça comum para a solução do problema na área trabalhista.

Na primeira, de relatoria da Desembargadora Thais Verrastro de Almeida, integrante da 17ª Turma do TRT2, deu-se provimento a recurso em que se pretendia excluir a condenação de primeiro grau em honorários advocatícios, após a análise do tema de acordo com a já mencionada decisão proferida pelo STJ:

> "Portanto, a hermenêutica que se propõe pretende cristalizar a seguinte ideia: se o capítulo acessório da sentença, referente aos honorários sucumbenciais, foi prolatado antes da vigência da Lei n. 13.467/2017 e em consonância com a Lei n. 5.584/1970, serão aplicadas as regras desse diploma legal, consubstanciada no item I da Súmula n. 219, com a redação dada pela Resolução 204/2016 do E. TST, até a ocorrência do trânsito em julgado. Por outro lado, nos casos de sentença proferida a partir do dia 11.11.2017, as normas da novel Lei n. 13.467/2017, que inseriu o art. 791-A da CLT, regerão a situação concreta."

Na segunda, de relatoria da Ministra Cilene Ferreira Amado Santos, integrante da 6ª Turma do TST, da mesma forma, foi dado provimento a recurso em que se pretendia excluir a condenação em honorários advocatícios fixados anteriormente à vigência da nova lei. A seguir, um trecho da decisão:

"A Lei n. 13.467/2017 possui aplicação imediata no que concerne às regras de natureza processual, contudo, a alteração em relação ao princípio da sucumbência só tem aplicabilidade aos processos novos, uma vez que não é possível sua aplicação aos processos que foram decididos nas instâncias ordinárias sob o pálio da legislação anterior e sob a qual se analisa a existência de violação literal de dispositivo de lei federal."

No entanto, o tema não é unânime, pois muitos juízes, em especial de primeira instância, persistem na recusa do deferimento dos honorários de sucumbência em ações propostas antes da Reforma Trabalhista, mas com sentença proferida após a vigência da lei.

A questão deverá ser consolidada pelo TST, por meio de súmula. É possível que isso ocorra em 2018, quando o TST realizará sessão em tribunal pleno para examinar diversas propostas de modificação e redação de novas súmulas.

Infelizmente, a Comissão de Jurisprudência e de Precedentes Normativos formados para analisar o tema propôs nova súmula sobre honorários de sucumbência, cuja redação contraria a boa aplicação do Direito Processual bem como decisões fundamentadas, inclusive proferidas por turma do próprio TST. De acordo com a proposta, as novas regras dos honorários de sucumbência são aplicáveis apenas nas ações ajuizadas após a vigência da Reforma Trabalhista. Isso não quer dizer que a sessão plenária adote tal entendimento, mas já demonstra uma tendência do que poderá ser decidido sobre o tema.

Mesmo após a publicação da Emenda Constitucional n. 45/04, a competência para conhecer e julgar ações em que se pretende a cobrança de honorários advocatícios, continua sendo da Justiça Estadual. Inteligência da Súmula n. 363 do STJ. (TRT/SP – 13106200800002008 – CC01 – Ac. SDI 2009001085 – Rel. Sergio J. B. Junqueira Machado – DOE 12.3.2009)

Seguem os artigos sobre o tema:

Art. 791-A. Ao advogado, ainda que atue em causa própria, serão devidos honorários de sucumbência, fixados entre o mínimo de 5% (cinco por cento) e o máximo de 15% (quinze por cento) sobre o valor que resultar da liquidação da sentença, do proveito econômico obtido ou, não sendo possível mensurá-lo, sobre o valor atualizado da causa.

§ 1º Os honorários são devidos também nas ações contra a Fazenda Pública e nas ações em que a parte estiver assistida ou substituída pelo sindicato de sua categoria.

§ 2º Ao fixar os honorários, o juízo observará:

I – O grau de zelo do profissional;

II – O lugar de prestação do serviço;

III – A natureza e a importância da causa;

IV – O trabalho realizado pelo advogado e o tempo exigido para o seu serviço.

§ 3º Na hipótese de procedência parcial, o juízo arbitrará honorários de sucumbência recíproca, vedada a compensação entre os honorários.

§ 4º Vencido o beneficiário da justiça gratuita, desde que não tenha obtido em juízo, ainda que em outro processo, créditos capazes de suportar a despesa, as obrigações decorrentes de sua sucumbência ficarão sob condição suspensiva de exigibilidade e somente poderão ser executadas se, nos dois anos subsequentes ao trânsito em julgado da decisão que as certificou, o credor demonstrar que deixou de existir a situação de insuficiência de recursos que justificou a concessão de gratuidade, extinguindo-se, passado esse prazo, tais obrigações do beneficiário.

§ 5º São devidos honorários de sucumbência na reconvenção.

Da responsabilidade por dano processual

A reforma trabalhista inovou, em mais um aspecto, acerca do processo, e determinou a aplicação de dano processual.

Num primeiro momento, qualquer um dos envolvidos pode responder pelo dano causado a outrem.

Como exemplos, de litigância de má-fé, temos a alegação de uma tese já expressa de forma contrária à lei, alterar as verdades dos fatos, usar o processo para obter vantagem indevida, prejudicar o andamento do processo, utilizar de atos que são temerários, provocar manifestações no processo indevidamente ou ainda utilizar de recurso protelatório.

A multa será de 1 a 10% sobre o valor da causa devidamente corrigido e ainda deve arcar as despesas com o advogado e as despesas do processo.

O valor dessa multa também deve ser aplicado à testemunha, o que irá inibir as ações temerárias.

Seguem os artigos correspondentes a esse assunto:

Art. 793-A. Responde por perdas e danos aquele que litigar de má-fé como reclamante, reclamado ou interveniente.

Art. 793-B. Considera-se litigante de má-fé aquele que:

I – Deduzir pretensão ou defesa contra texto expresso de lei ou fato incontroverso;

II – Alterar a verdade dos fatos;

III – Usar do processo para conseguir objetivo ilegal;

IV – Opuser resistência injustificada ao andamento do processo;

V – Proceder de modo temerário em qualquer incidente ou ato do processo;

VI – Provocar incidente manifestamente infundado;

VII – Interpuser recurso com intuito manifestamente protelatório.

Art. 793-C. De ofício ou a requerimento, o juízo condenará o litigante de má-fé a pagar multa, que deverá ser superior a 1% (um por cento) e inferior a 10% (dez por cento) do valor corrigido da causa, a indenizar a parte contrária pelos prejuízos que esta sofreu e a arcar com os honorários advocatícios e com todas as despesas que efetuou.

§ 1º Quando forem dois ou mais os litigantes de má-fé, o juízo condenará cada um na proporção de seu respectivo interesse na causa ou solidariamente aqueles que se coligaram para lesar a parte contrária.

§ 2º Quando o valor da causa for irrisório ou inestimável, a multa poderá ser fixada em até duas vezes o limite máximo dos benefícios do Regime Geral de Previdência Social.

§ 3º O valor da indenização será fixado pelo juízo ou, caso não seja possível mensurá-lo, liquidado por arbitramento ou pelo procedimento comum, nos próprios autos.

Art. 793-D. Aplica-se a multa prevista no art. 793-C desta Consolidação à testemunha que intencionalmente alterar a verdade dos fatos ou omitir fatos essenciais ao julgamento da causa.

Parágrafo único. A execução da multa prevista neste artigo dar-se-á nos mesmos autos.

Recursos trabalhistas propriamente ditos

Esse tópico nos mostra como a parte deve agir após as decisões das Varas do Trabalho e/ou dos Tribunais.

A palavra recurso tem sua origem etimológica no Latim — *recursus* —, que dá a ideia de repetição. Os recursos constituem um instrumento eficiente para que a parte vencida possa pleitear aos órgãos jurisdicionais um reexame da matéria, que vem sendo discutida.

A lei processual trabalhista impõe certos requisitos, para que as partes interponham seus recursos, que são os chamados pressupostos de admissibilidade do recurso, podendo ser dividido em pressupostos subjetivos e objetivos.

Portanto, o recurso é um meio de discutir a matéria dentro do mesmo processo, onde foi prolatada a decisão.

Neste sentido, para Renato Saraiva, "recurso, portanto, seria um direito subjetivo processual, atuando como espécie de extensão do próprio direito de ação já exercido." (*Curso de Direito Processual do Trabalho*, 5. ed., Método).

Afirma, ainda, Renato Saraiva que: "... a natureza jurídica do recurso seria a de prolongamento do exercício do direito de ação, dentro do mesmo processo".

Basicamente dois sistemas recursais são encontrados no ordenamento jurídico, sendo eles o limitativo e o ampliativo.

O limitativo prima pela celeridade e extrema segurança dos julgados, estabelecendo que algumas decisões não fossem passíveis de impugnação, como as decisões interlocutórias.

O ampliativo consiste no duplo grau de jurisdição, evidenciando que para cada decisão haverá um recurso, o que pode ser causa para o retardamento do andamento dos processos.

Assim como na Justiça do Trabalho não se admite recurso de decisões interlocutórias, entendemos que o sistema recursal é o limitativo.

Princípios recursais

Entre os inúmeros princípios que norteiam o direito do trabalho, podemos citar como principais, para a constituição do sistema recursal: o da voluntariedade; o do duplo grau de jurisdição; o da irrecorribilidade das decisões interlocutórias; o da unirrecorribilidade; o da adequação; o da fungibilidade; o da variabilidade e o da proibição da *reformatio in pejus*.

Princípio da voluntariedade

Do referido princípio da voluntariedade, o que se extrai é que o Estado apenas prestará a tutela jurisdicional se for provocado.

É a manifestação do princípio dispositivo que envolve a vontade das partes, ou seja, existe a necessidade de que a parte interponha o recurso, para que somente assim o juiz, representando o Estado, exerça a prestação jurisdicional.

Para Rui Portanova: "O referido princípio da voluntariedade consiste na exigência de que não haja dúvida acerca da vontade do recorrente em impugnar o "*decisum*" recorrido" (*Princípios do Processo Civil*, p. 278).

Princípio do duplo grau de jurisdição

O princípio do duplo grau de jurisdição visa assegurar ao litigante vencido, total ou parcialmente, o direito de submeter a matéria decidida a uma nova apreciação jurisdicional, no mesmo processo, desde que atendidos determinados pressupostos específicos, previstos em lei.

Em outras palavras, o princípio afirma que todas as causas devem ser submetidas a outros juízes, que então poderão modificar as decisões, garantindo assim aos litigantes o acesso à Justiça e ampla defesa.

Segundo Djanira Maria Radamés de Sá (1999, p. 88), o duplo grau de jurisdição consiste na "... possibilidade de reexame, de reapreciação da sentença definitiva proferida em determinada causa, por outro órgão de jurisdição que não o prolator da decisão, normalmente de hierarquia superior".

Princípio da irrecorribilidade das decisões interlocutórias

Segundo o princípio da irrecorribilidade das decisões interlocutórias, como o próprio nome diz, as decisões interlocutórias não são passíveis de impugnação na Justiça do Trabalho.

Assim, evidencia-se que o sistema recursal trabalhista é, portanto, diverso do utilizado no Processo Civil.

A Súmula n. 214 do TST assegura que das decisões interlocutórias não cabem recursos, porém existem algumas exceções. A primeira seria quando o Juiz arbitra o valor da causa em audiência; caberá, nessa situação, pedido de revisão do valor da causa.

Outra exceção seria quando o Juiz encaminha um processo para outra vara do trabalho de competência de outro TRT; nessa hipótese caberá recurso ordinário.

E para encerrar, nos tribunais trabalhistas, as decisões interlocutórias são passíveis de agravo regimental.

Para não nos delongarmos em demasia, qualquer decisão interlocutória proferida nas varas do trabalho, abusivas, caberá Mandado de Segurança.

É este o entendimento doutrinário de Júlio César Bebber, que concluiu: "Vige, no trabalhista, o princípio da irrecorribilidade em separado das decisões interlocutórias..." (in *Recursos no processo do trabalho.* Teoria geral dos recursos. São Paulo: LTr, 2000. p. 49).

AGRAVO DE INSTRUMENTO. EXECUÇÃO. DECISÃO INTERLOCUTÓRIA. PRINCÍPIO DA IRRECORRIBILIDADE EM SEPARADO DAS DECISÕES INTERLOCUTÓRIAS. Não cabe Agravo de Petição interposto em face de decisão interlocutória, porque esta, a teor da Súmula n. 214 do c. TST é irrecorrível em separado, de modo que seu conteúdo será apreciado apenas no recurso interposto da decisão definitiva. (TRT – AI-02077.1995.005.23.01-4 – AC. TP. N. 2539/2002 – origem 2ª Vara do Trab. de Cuiabá – Rel. Edson Bueno)

Princípio da unirrecorribilidade

De acordo com o princípio da unirrecorribilidade, para cada ato judicial, haverá somente um recurso possível.

No tocante à singularidade do recurso ou unirrecorribilidade, não há dupla e simultânea impugnação recursal, nossa CLT prevê única e exclusivamente um recurso por decisão, e como o próprio nome já diz é singular, portanto, um.

Contudo, voltando às exceções, há a possibilidade de oposição de Embargos Declaratórios, concomitante com o recurso que couber do ato decisório.

Outra hipótese de exceção se encontra no art. 7º, § 2º, da Lei n. 7.701/1988, que dispõe com relação aos dissídios coletivos, quando não publicado o acórdão, no prazo legal, de 20 (vinte) dias seguidos à data do julgamento, qualquer das partes ou o Ministério Público do Trabalho poderá interpor recurso ordinário, com base apenas na certidão do julgamento, observando que o prazo será reaberto, após a efetiva publicação do acórdão, podendo, inclusive, as partes aditarem o recurso já interposto.

OFENSA AO PRINCÍPIO DA UNIRRECORRIBILIDADE – NÃO CONHECIMENTO: Não pode a parte que interpôs recurso ordinário renovar a sua insurgência também pela via do recurso adesivo, por ofensa ao princípio da unirrecorribilidade dos recursos. (TRT – 22ª Região – RO 00962-2003-002-22-00-2 – Rel. Laércio Domiciano – 1º.6.2006)

RECURSO ADESIVO DO RECLAMANTE. PRINCÍPIO DA UNIRRECORRIBILIDADE. PRECLUSÃO CONSUMATIVA. No nosso sistema jurídico tem abrigo o princípio da fungibilidade recursal, desde que no prazo para a impugnação. Todavia, admitir que a parte, que já tenha manejado um recurso e, após ciente do despacho que pontuou sua intempestividade, reencete idêntica medida impugnativa, implicaria ofensa ao princípio da unirrecorribilidade e grave violação do instituto da preclusão. REMESSA NECESSÁRIA. Valor da condenação inferior ao limite de 60 (sessenta) salários mínimos impede o conhecimento do apelo *ex-officio*. Aplicação da Súmula n. 303, do TST. RECURSO DA RECLAMADA. NULIDADE CONTRATUAL. EFEITOS. Configurada a nulidade do contrato de trabalho, por ausência de concurso público, o trabalhador tem jus, tão somente, ao pagamento dos dias efetivamente trabalhados e não quitados, bem como dos valores referentes aos depósitos do FGTS, nos termos da Súmula n. 363 do Tribunal Superior do Trabalho acatada por disciplina judiciária, com ressalva de entendimento diverso. (TRT – 2ª Região – RO – 00799-2005-074-02-00-2 – Rel. Luiz Carlos Gomes Godoi – 15.7.2008)

Princípio da adequação

O princípio da adequação vige que o recurso a ser usado deve ser o recurso adequado, próprio para aquela decisão, e não outro.

Simplificando, seria nada mais nada menos do que o cabimento, existindo um recurso próprio para cada espécie de decisão.

Busca-se a adequação do instrumento ao objeto, matéria a ser discutida, de modo a melhor e mais facilmente alcançar os fins pretendidos pelas partes. Desse princípio extrai-se a base do denominado principio da fungibilidade.

Princípio da fungibilidade

O princípio da fungibilidade, salvo hipótese de má-fé, erro grosseiro, crasso ou absurdo, o juiz poderá receber o recurso errado, como se fosse o recurso certo, ou seja, mesmo que a parte não tenha utilizado a adequação correta, poderá o juiz entender e conhecer o referido recurso.

> PRINCÍPIO DA FUNGIBILIDADE. APLICAÇÃO. RESTRIÇÕES. A aplicação do princípio da fungibilidade cinge-se às hipóteses de inexistência de má-fé e/ou erro grosseiro. *In casu*, a interposição de Agravo de Instrumento ao invés de Agravo de Petição constitui erro grosseiro, obstando a aplicação do mencionado princípio. (TRT da 22ª Região – AI 00554-1994-003-22-01-8, Rel. Fausto Lustosa Neto, 30.6.2005)

> RECURSO CABÍVEL – PRINCÍPIO DA FUNGIBILIDADE – CONHECIMENTO – Deve ser conhecido como recurso ordinário o agravo de petição interposto contra decisão proferida na fase de conhecimento, em consideração ao princípio da fungibilidade. (TRT 5ª Região – Proc. 00833-2007-019-05-00-2 – RO – Ac. 022937/2008, Relª. Marizete Menezes – 22.9.2008)

Princípio da variabilidade

Referido princípio dispõe que mesmo que a parte recorrente entrar com o recurso errado, entretanto, dentro do prazo legal, poderá ainda intentar o recurso correto, inexistindo nesse caso a chamada preclusão temporal.

Em outras palavras, a parte pode variar de recurso, ou seja, trocar o recurso que interpôs inicialmente, desistindo dele e interpondo outro, por perceber que não era o adequado.

Princípio da *reformatio in pejus*

Extrai-se desse princípio que quando a parte recorrente interpõe seu recurso, o Douto Magistrado não poderá inverter a decisão para pior, ou seja, prejudicando a parte. Assim não se pode no reexame da matéria prejudicar a situação da parte.

> SUCESSÃO TRABALHISTA – CONTRATO DE CONCESSÃO DE SERVIÇO PÚBLICO – OJ N. 225 DA SBDI-1 DO TST – DISPENSA DO EMPREGADO OCORRIDA DEPOIS DA CELEBRAÇÃO DO CONTRATO – RESPONSABILIDADE SOLIDÁRIA IMPOSTA À RFFSA – APLICAÇÃO DO PRINCÍPIO DA *NON REFORMATIO IN PEJUS*. Não obstante a jurisprudência desta Corte consagre o entendimento de que a responsabilidade da RFFSA, decorrente do contrato de arrendamento das malhas ferroviárias,

quando não houver solução de continuidade no contrato de trabalho do empregado seja apenas subsidiária, a responsabilidade solidária da RFFSA, imposta pelas instâncias ordinárias, deve ser mantida, em atenção ao princípio da *non reformatio in pejus*, na medida em que, aplicando-se o entendimento sedimentado na Orientação Jurisprudencial n. 225 da SBDI-1 do TST, estar-se-ia agravando a situação da ora Recorrente, constituindo-a em devedora principal e isolada da obrigação trabalhista. Assim, invoca-se o óbice da Súmula n. 333 do TST ao prosseguimento da revista, nesse aspecto. Recurso de revista não conhecido. (TST-RR – 4ª Turma n. RR-614094/1999, 3.3.2004)

Classificação geral

Os recursos se classificam em ordinários e extraordinários.

Os recursos ordinários ou comuns são os que visam obter revisão do julgamento, considerando-se o duplo grau de jurisdição, devolvendo ao tribunal as matérias de fato e de direito, sendo os mais frequentes.

Os recursos extraordinários ou especiais são os que se contrapõem aos de natureza ordinária. Abrangendo os recursos acerca do *error in procedendo* e acerca do *error in judicando*.

Error in procedendo é quando o juiz desrespeita ou viola norma de procedimento, causando prejuízo à parte, no ato da prolação de sua decisão, portanto, no exercício de sua atividade.

Ocorrem, na verdade, erros e defeitos na construção processual da decisão, tratando-se de vício de forma e não de mérito ou de fundo.

Error in judicando é o erro que existe na decisão que julgou o mérito, podendo ser um erro de fato, quando o Magistrado dá como fato algo diverso da realidade ou erro de direito, pois o juiz erra ao aplicar o direito a um fato; na verdade, é o erro na aplicação ou interpretação da norma jurídica.

Nesse entendimento, tem-se a contribuição de Moacyr Amaral Santos, ensinando que: "a violação de literal disposição de lei é aquela que ofende flagrantemente a lei, tanto quando a decisão é repulsiva à lei (*error in judicando*), como quando proferida com absoluto menosprezo ao modo e forma estabelecidos em lei para a sua prolação (*error in procedendo*)". (Moacyr Amaral Santos. *Primeiras linhas de direito processual civil*, vol. III, 4. ed., São Paulo: Saraiva, 1977. p. 455).

Efeitos dos recursos

Iniciamos esse tópico com o seguinte pensamento: todo o recurso ao ser interposto gera certos efeitos no mundo jurídico. Com relação aos efeitos dos recursos, temos: efeito devolutivo, suspensivo, translativo, substitutivo, extensivo e regressivo. Passamos a analisá-los.

Devolutivo

O efeito devolutivo é o mais conhecido na esfera trabalhista, possuindo suma importância, com relação à chamada execução provisória, vejamos.

No processo do trabalho, vige a regra da simples devolutividade dos recursos.

Segundo Renato Saraiva: "o art. 899 da CLT determina que os recursos sejam dotados, em regra, de efeito meramente devolutivo, permitindo a execução provisória até a penhora".

Para Sérgio Pinto Martins, "não existe efeito suspensivo no recurso ordinário, pois se segue a regra geral do art. 899 da CLT, do recebimento do recurso apenas no efeito devolutivo"; portanto, "o juiz não precisará dizer o efeito com que recebe o recurso ordinário, pois o efeito será um só: apenas devolutivo" (*Direito processual do trabalho*. 5. ed. São Paulo: Atlas, 2001. p. 369).

> RECURSO ORDINÁRIO. Efeito meramente devolutivo. Execução provisória: direito líquido e certo, tratando-se de obrigação de dar. (TRT/SP – Ac. 20070344870 – 08.5.2007 – Rel. Altair Berty Martinez – Proc. 00023-2007-000-02-00-8)

> MANDADO DE SEGURANÇA – REINTEGRAÇÃO – EXECUÇÃO PROVISÓRIA – Como regra, os recursos na esfera trabalhista somente são recebidos no efeito devolutivo (art. 899 da CLT). No caso dos autos, não se observa a existência de qualquer medida oposta pelo Litisconsórcio a fim de buscar impor efeito suspensivo ao seu recurso especial, prevalecendo os efeitos da decisão proferida pela C. 8ª Turma deste Regional (tutela jurisdicional específica que determina a imediata reintegração da obreira), ainda que de forma provisória. (TRT/SP – 17/04/2007 – Relª. Odete Silveira Moraes – Ac. 2007010605 – Proc. 12168-2006-000-02-00-0)

Suspensivo

Os recursos não são dotados de efeito suspensivo, em regra, uma vez que possuem apenas o efeito devolutivo, como já visto acima, exatamente para que a parte possa executar provisoriamente a sentença.

Todavia, existem as exceções, como é o caso do denominado Agravo de Petição, que por sua natureza possui o efeito suspensivo.

Ainda, existe a possibilidade da parte contrária pleitear o efeito suspensivo ao recurso, através da chamada Tutela de Urgência Provisória na modalidade Cautelar Inominada, que nesse caso é endereçada exatamente para o local onde se encontrar o recurso, no juízo *ad quem*, com fundamentação na Súmula n. 414, I, do TST.

> MEDIDA CAUTELAR – EFEITO SUSPENSIVO – RECURSO ORDINÁRIO. Inexistindo na Medida Cautelar efetiva demonstração do *fumus boni juris* e *periculum in mora* não há que se deferir o efeito suspensivo perseguido, quanto mais quando os elementos dos autos evidenciam o *periculum in mora* para os recorridos. (TRT/SP – 27.3.2008 – Relª. Rosa Maria Zuccaro – Ac. 20080251468 – Proc. 00100200700002000)

> MEDIDA CAUTELAR. EFEITO SUSPENSIVO AO RECURSO. Demonstrados os pressupostos da tutela cautelar, é de se conceder efeito suspensivo ao recurso ordinário interposto, tendo por escopo evitar danos de difícil reparação. (TRT/SP – Ac. 20080381302 – 16.5.2008 – Rel. Paulo Augusto Câmara – Proc. 00182-2007-000-02-00-2 – T. 4ª)

Translativo

Ocorre quando, no recurso, há questões de ordem pública, que devem obrigatoriamente ser conhecidas de ofício pelo juiz e que não sofrem preclusão.

O referido efeito se produz somente nos recursos classificados como ordinários ou comuns, uma vez que devolvem toda a matéria a ser examinada para o juízo *ad quem*.

Nesse sentido:

> "Efeito translativo. Dá-se o efeito translativo quando o sistema autoriza o tribunal a julgar fora do que consta das razões ou contrarrazões do recurso, ocasião em que não se pode falar em julgamento *ultra*, *extra* ou *infra petita*. Isto ocorre normalmente com as questões de ordem pública, que devem ser conhecidas de ofício pelo juiz e a cujo respeito não se opera a preclusão. O exame das questões de ordem pública, ainda que não decididas pelo juízo *a quo*, fica transferido ao tribunal destinatário do recurso por força do efeito translativo". (NERY JR., Nelson; NERY, Rosa Maria Andrade. *Código de Processo Civil Brasileiro comentado e legislação processual civil extravagante em vigor*. 4. ed. São Paulo: Revista dos Tribunais, 1999. p. 965)

Substitutivo

O efeito substitutivo, consagrado no Código de Processo Civil, substitui integralmente a decisão recorrida, decisão essa de mérito, portanto, em sede de recurso, o acórdão proferido confirma o conteúdo da sentença, substituindo-a.

Neste sentido, para que surta o efeito substitutivo, vê-se a necessidade de que ocorra primeiramente a admissibilidade do recurso interposto, vez que preencheu todos os pressupostos e após que seja proferida a decisão dando provimento ou não.

Caso seja improvido, que é na verdade a improcedência de mérito, terá o efeito substitutivo, pois a decisão da instância superior substituirá aquela que ensejou a interposição do recurso.

Na hipótese do recurso ser provido, ou seja, procedente no mérito, reformando o erro de julgamento, significa, também, que a decisão do tribunal tomou o lugar da decisão recorrida.

> "Somente é rescindível o acórdão que conhece do recurso, isto é, que julga o recurso, provendo-se ou lhe negando provimento. Isto porque a decisão do tribunal sobre o mérito do recurso substitui a decisão recorrida (efeito substitutivo)". NERY JR., Nelson. *Código de Processo Civil comentado e legislação extravagante*. 8. ed. São Paulo: Revista dos Tribunais. 2004. p. 485, nota 3.

O julgamento proferido pelo Tribunal substituiu a sentença rescindenda. Destarte, torna-se juridicamente impossível o pedido explícito de desconstituição de decisão proferida em primeira Instância, quando esta foi substituída por acórdão Regional, nos termos do item III da Súmula n. 192 do C. TST. Extinto, sem resolução de mérito. (TRT/SP – 7.5.2007 – Rel. Delvio Buffulin – Ac. 2007015844 – Proc. 12356-2004-000-02-00-7- SDI)

Extensivo

A aplicabilidade desse efeito ocorre no caso de litisconsórcio necessário unitário, onde o recurso de um litisconsorte é aproveitado para o outro, pois a decisão não pode ser diferenciada, pois vige a regra da incindibilidade das defesas e de sentença uniforme para todas as partes envolvidas.

> EMBARGOS DE DECLARAÇÃO – PRINCÍPIO DA TRANSCENDÊNCIA – NULIDADE PROCESSUAL NÃO CONFIGURADA. Versa o objeto da reclamatória sobre matéria meramente de direito, em relação ao qual este Regional já possui julgamento pacífico e unânime no sentido de assegurar aos inativos e pensionistas o direito ao auxílio-alimentação postulado. E mais, tratando-se a demanda de litisconsórcio unitário, no qual o recurso de um dos litisconsortes aproveita aos demais em face da comunhão dos fundamentos das defesas, não há que se falar em prejuízo o equívoco na intimação da sentença de embargos declaratórios proferida em primeiro grau. Desta feita, segundo o princípio da transcendência, não se acolhe a nulidade processual alegada. (TRT – 22ª Região – Proc. 00236-2003-002-22-00-0)

> REVELIA – EMPREGADOR – EFEITOS – DEFESA APRESENTADA PELO LITISCONSORTE RESPONSÁVEL SUBSIDIÁRIO – HIPÓTESE DE LITISCONSÓRCIO NÃO UNITÁRIO E DE INTERESSES DISTINTOS ENTRE OS LITIGANTES PASSIVOS – EFEITOS DA REVELIA MANTIDOS – INTELIGÊNCIA DOS ARTS. 47, 48 E 509 DO MESMO DIPLOMA, EM COTEJO SISTEMÁTICO. Para melhor entendimento, o efeito da revelia não se verifica quando um dos litisconsortes apresenta defesa, é indispensável o seu cotejo, que traz a regra geral sobre litisconsórcio: a autonomia entre os litisconsortes, que são tratados nas suas relações com a parte contrária como litigantes distintos. A exceção fica por conta das hipóteses de litisconsórcio unitário, onde vige a regra da incindibilidade das defesas e de sentença uniforme para todas as partes envolvidas, bem como para determinados casos de litisconsórcio simples nos quais os interesses dos litisconsortes não sejam distintos ou opostos. Isso porque os fatos comuns a ambos os litisconsortes não podem gerar efeitos diversos com relação a cada um deles. Um mesmo fato não pode ao mesmo tempo ser reputado verdadeiro contra o litisconsorte revel e não provado com relação ao outro litisconsorte que apresentou defesa. É a regra de que os atos prejudiciais e benéficos não se comunicam. Diferentemente ocorre quando os fatos não são comuns aos litisconsortes. Sendo partes diferentes, o tratamento é diverso, inclusive quanto ao encargo probatório. E, o exemplo bastante comum aconteceu na espécie: revelia da empregadora e defesa da tomadora e responsável subsidiária, hipótese de litisconsórcio passivo simples e de interesses distintos entre os litisconsortes (a segunda pretende a exclusão da lide e não presenciou os fatos). (TRT/SP – RO – 08.5.2007 – Relª. Ivani Contini Bramante – Ac. 20070349562 –Proc. 00266-2005-231-02-00-9 – T. 6ª)

Regressivo

Produzirá efeito regressivo, quando o recurso permitir que o prolator da decisão recorrida se retrate, com sua simples interposição, podem reapreciar seu pronunciamento. Verifica-se a aplicabilidade desse efeito no agravo de instrumento e no agravo regimental.

Pressupostos recursos trabalhistas

Sabemos que a reclamação trabalhista possui pressupostos, logo, os recursos também os possui, sendo que o juízo *a quo*, aquele que prolatou a referida decisão, analisa e realiza o chamado juízo de admissibilidade do recurso, para que possa ter seguimento à instância superior.

Contudo, a instância superior, denominado juízo *ad quem*, também realiza o juízo de admissibilidade, observando todos os requisitos processuais, para que se possa conhecer o recurso, automaticamente, entende-se que o juízo de admissibilidade é realizado tanto no juízo *a quo* como no juízo *ad quem*.

Existem diversas nomenclaturas e subdivisões referentes aos pressupostos, alguns doutrinadores chamam de extrínsecos e intrínsecos ou objetivos e subjetivos, entretanto, nada mais são do que sinônimos.

Pressupostos subjetivos

Assim, pressupostos recursais subjetivos são aqueles que dizem respeito à pessoa do recorrente e é LEGITIMIDADE, CAPACIDADE e INTERESSE EM RECORRER. A legitimidade deriva da lei e o interesse resulta do caso concreto.

LEGITIMIDADE: A parte legitimada a recorrer é aquela que foi vencida ou sucumbente, ressaltando que o Ministério Público do Trabalho também possui legitimidade para recorrer, nos processos em que atua como parte ou nos casos em que foi oficiado para atuar como fiscal da lei.

Não se olvidando de mencionar o terceiro interessado, que por vezes também possui legitimidade em recorrer, porquanto, terceiro prejudicado, entende-se por todo aquele que poderia ter vindo a interferir na demanda e não o fez vindo somente a ingressar como terceiro na fase recursal.

CAPACIDADE: Lembrando que as partes devem demonstrar estar plenamente capazes de praticar os atos processuais, que nada mais é do que a capacidade das partes.

INTERESSE DE AGIR: Resulta da própria legitimidade, ou seja, o interesse em recorrer é evidenciado pela necessidade que tem a parte, quando não teve reconhecida a pretensão deduzida em juízo.

PROCESSO DO TRABALHO. RECURSO ORDINÁRIO. PRESSUPOSTOS DE ADMISSIBILIDADE. Não se conhece de recurso quando ausente o interesse recursal. (TRT – 2ª Região – Ac. 20080955546 – T. 10ª – 07.11.2008 – Proc. 20080694726 – Relª. Rilma Aparecida Hemetério)

AGRAVO DE INSTRUMENTO. LEGITIMIDADE DO INSS PARA INTERPOR RECURSO ORDINÁRIO. "No caso de conciliação, o termo que for lavrado valerá como decisão irrecorrível, salvo para a Previdência Social quanto às contribuições que lhe forem devidas". No mesmo diapasão, faculta ao INSS a interposição de recurso contra as decisões homologatórias. De todo o modo, referida autarquia possui legitimidade para recorrer na condição de terceiro prejudicado, aplicável subsidiariamente ao Processo do Trabalho. (TRT – 2ª Região – 17.4.2008 – Rel. Marcelo Freire Gonçalves – Proc. 01984-2005-069-02-00-9 – T. 7ª – Ac. 20080326980)

RAZÕES RECURSAIS APÓCRIFAS. INEXISTÊNCIA. A capacidade postulatória é pressuposto de admissibilidade recursal, o que exige o oferecimento do inconformismo por meio de advogado regularmente constituído nos autos, restando necessária à subscrição da peça. Inteligência da Súmula n. 164, do C. TST. Estando apócrifas as razões, evidente a inexistência da medida, no âmbito processual. (TRT – 2ª Região – 07.12.2007 – Relª. Jane Granzoto Torres da Silva – Ac. 20070994913 – Proc. 00387-2007-058-02-01-8 – T. 9ª)

Pressupostos objetivos

Por outro lado, os pressupostos recursais objetivos são aqueles que dizem respeito ao próprio recurso, ADEQUAÇÃO, RECORRIBILIDADE, REGULARIDADE, TEMPESTIVIDADE e PREPARO.

RECORRIBILIDADE: Nada mais é do que a decisão passível de ser reexaminada, sendo ela recorrível. Já os chamados despachos de mero expediente não desafiam recurso e a decisão interlocutória é irrecorrível de imediato.

Vale mencionar que o Tribunal Superior do Trabalho pacificou o tal entendimento, através da Súmula n. 214, que traz a seguinte redação:

> Súmula n. 214/TST – Decisão interlocutória – Irrecorribilidade. Na Justiça do Trabalho, nos termos do art. 893, § 1º, da CLT,as decisões interlocutórias não ensejam recurso imediato, salvo nas hipóteses de decisão:
>
> a) De Tribunal Regional do Trabalho contrária à Súmula ou Orientação Jurisprudencial do Tribunal Superior do Trabalho;
>
> b) Suscetível de impugnação mediante recurso para o mesmo Tribunal;
>
> c) Que acolhe exceção de incompetência territorial, com a remessa dos autos para Tribunal Regional distinto daquele a que se vincula o juízo excepcionado, consoante o disposto no art. 799, § 2º, da CLT.

Destarte, existe a exceção, quando o Douto Magistrado, em audiência, reduz o valor da causa, decisão essa interlocutória, que comporta o chamado recurso de revisão do valor da causa, no prazo de 48 horas, endereçado ao presidente do Tribunal Regional do Trabalho.

Portanto, atenção às regras e suas exceções.

> Vínculo de emprego. Recorribilidade. A decisão declarativa da relação de emprego, sem cunho terminativo, não é recorrível de imediato, consoante entendimento consubstanciado na Súmula n. 214, do C. TST. Vale dizer, o recurso deve ser dirigido para o órgão hierarquicamente superior àquele prolator do acórdão, no momento da impugnação da decisão que o definiu. (TRT – 2ª Região – Relª. Rosa Maria Zuccaro – Ac. 20071013495 – Proc. 00210-2006-075-02-00-3 – T. 2ª – 11.12.2007)

REGULARIDADE FORMAL: É determinada pela forma preconizada em lei (forma escrita) e a fundamentação do recurso, que são pressupostos essenciais para a admissibilidade do recurso.

Dispõe o art. 899 da CLT, que os recursos podem ser interpostos por simples petição, extraindo-se do referido artigo, que fica dispensada qualquer fundamentação ou razões.

Entretanto, a fundamentação do recurso é parte essencial do mesmo, pois é nesse momento que a parte ira demonstrar as suas razões de inconformismo, requerendo a análise por parte do órgão jurisdicional. Ressaltando que a maioria dos recursos exige fundamentação precisa, sob pena de ser negado conhecimento.

Sobre tais fatos, menciona a Súmula n. 422 do TST:

> "Súmula n. 422. Recurso. Apelo que não ataca os fundamentos da decisão recorrida. Não conhecimento..."

> PRESSUPOSTOS DE ADMISSIBILIDADE. REGULARIDADE FORMAL. A regularidade formal é um dos pressupostos necessários para que o apelo seja admitido. Recurso que não ataca os fundamentos da sentença para o indeferimento do pedido, limitando-se a repetir a pretensão formulada na inicial, não é formalmente válido e não pode ser conhecido. (TRT – 5ª Região – Proc. 01387-2007-611-05-00-1 – RO – Ac. 010848/2008 – Relª. Vânia Chaves, 1ª T. – 6.6.2008)

RECURSO ORDINÁRIO. PRESSUPOSTOS DE ADMISSIBILIDADE. Os fundamentos de fato e de direito constituem requisito de admissibilidade do recurso. *In casu*, os fatos narrados pela recorrente estão equivocados, totalmente dissociados do quanto ocorrido nos autos. Recurso ordinário que não se conhece. (TRT/SP – Ac. 20080914017 – 31.10.2008 – Proc. 20080313234 – Relª. Marta Casadei Momezzo)

TEMPESTIVIDADE: Todo recurso deve ser interposto dentro do prazo fixado em lei, sob pena de não ser conhecido, por intempestivo. A interposição do recurso antes do prazo aberto aos possíveis recorrentes também caracteriza a intempestividade.

O art. 6º da Lei n. 5.584/1970 prevê que o prazo para interpor e contra-arrazoar qualquer recurso trabalhista será de oito dias. No entanto, alguns recursos possuem prazos diferenciados, como os embargos de declaração, com prazo de cinco dias e o recurso extraordinário com quinze dias de prazo, entre outros que serão discutidos nos capítulos seguintes.

O prazo será contado em dobro para as pessoas jurídicas de direito público recorrerem, conforme art. 1º, III, do Decreto-lei n. 779/1969, com exceção das empresas públicas e sociedades de economia mista, bem como o Ministério Público do Trabalho, que também possui o prazo em dobro.

RECURSO ORDINÁRIO. INTEMPESTIVIDADE. A matéria concernente aos requisitos de admissibilidade dos recursos – que envolve a tempestividade – é de ordem pública, de modo que deve ser examinada *ex-officio* pelo Juiz ou Tribunal, independentemente de requerimento da parte ou interessado. Assim, não se conhece de ofício, de recurso interposto fora do prazo legal. (TRT – 5ª Região – Proc. 00588-2007-311-05-00-7 – RO – Ac. 026995/2008 – Rel. Norberto Frerichs – 5ª T. – 7.11.2008)

PREPARO: É a exigência legal, do pagamento das custas processuais e depósito recursal, logo, não sendo recolhido o preparo, o recurso interposto não será conhecido por se encontrar deserto.

CUSTAS: Com relação às custas, essas serão sempre pagas pela parte sucumbente, ou seja, vencida, em regra, somente após o trânsito em julgado, calculadas nos seguintes moldes:

Art. 791-A. Ao advogado, ainda que atue em causa própria, serão devidos honorários de sucumbência, fixados entre o mínimo de 5% (cinco por cento) e o máximo de 15% (quinze por cento) sobre o valor que resultar da liquidação da sentença, do proveito econômico obtido ou, não sendo possível mensurá-lo, sobre o valor atualizado da causa.

Todavia, quando da interposição do recurso, as referidas custas devem ser recolhidas e a parte tem o dever de comprovar o pagamento, dentro do prazo recursal, sob pena de deserção.

Importante observar que o empregado, quando ajuíza a reclamação trabalhista, será responsável pelo pagamento das custas, nos casos de extinção sem resolução de mérito ou improcedência da ação, ressalvados os casos onde o empregado é beneficiário da Justiça gratuita.

Ficam isentas de recolhimento das custas a União, os Estados, o Distrito Federal, os Municípios, Autarquias, Fundações Públicas, federais, estaduais ou municipais, desde que não explorem atividade econômica, incluindo nessa relação o Ministério Público do Trabalho.

Oportuno dizer que as empresas públicas e sociedades de economia mista não estão isentas, uma vez que possuem regime jurídico próprio de empresas privadas.

Ainda, com relação às custas, devidas em fase de execução, onde nitidamente determina o pagamento das mesmas, sempre ao final do processo.

> AGRAVO DE INSTRUMENTO INTERPOSTO PELA AUTORA. AUSÊNCIA DE RECOLHIMENTO DAS CUSTAS PROCESSUAIS. O pagamento das custas processuais constitui-se em pressuposto de admissibilidade do recurso ordinário. Agravo de instrumento desprovido. (TRT – 4ª Região – Proc. 00675-2007-571-04-00-0 – AI – Relª. Berenice Messias Corrêa – 6.11.2008)

> JUSTIÇA GRATUITA. ISENÇÃO DAS CUSTAS PROCESSUAIS. NÃO CONCESSÃO. Conquanto se presuma o estado de miserabilidade do trabalhador-demandante mediante simples declaração, inclusive lançada na petição inicial ou em outra petição, por parte de seu procurador, essa presunção é apenas relativa e pode ser elidida por elementos de prova em sentido contrário. Não se reconhece o direito aos benefícios da justiça gratuita nas hipóteses em que a declaração de hipossuficiência econômica é incompatível com o contexto fático extraído dos autos. (TRT-PR-00999-2006-513-09-00-9- Ac- 32436-2008 – 3ª T. – Rel. Paulo Ricardo Pozzolo – 5.9.2008)

> MUNICÍPIO. ISENÇÃO DE CUSTAS PROCESSUAIS. LEI N. 10.537-2002. APLICAÇÃO IMEDIATA. Com a edição da Lei n. 10.537/2002, que alterou os arts. 789 e 790 da CLT sobre custas e emolumentos na Justiça do Trabalho, e que acrescentou os arts. 789-A, 789-B, 790-A e 790-B, os Municípios, assim como a União, os Estados, o Distrito Federal e respectivas autarquias e fundações públicas federais, estaduais ou municipais que não explorem atividade econômica, passaram a ser isentos do pagamento das custas processuais. A aplicabilidade instantânea do citado dispositivo legal é possível em virtude de que o efeito imediato de aplicação da lei opera-se em situações em curso à época do surgimento da nova lei, ou ainda, não consumados no referido instante, ante o Princípio da Retroação Benéfica (art. 6º da L.I.C.C). Remessa de ofício a que se dá provimento. (TRT-PR-03698-2002-513-09-00-3- Ac -03084-2004 – Rel. Ubirajara Carlos Mendes – 6.2.2004)

> JUSTIÇA GRATUITA. ISENÇÃO DE CUSTAS PARA RECORRER. Os benefícios da Justiça gratuita, nesta Justiça Especializada, não se aplicam apenas nas hipóteses em que o empregado está assistido pelo sindicato de sua categoria profissional, sendo suficiente a alegação incontestada, em qualquer tempo ou grau de jurisdição, a teor da Orientação Jurisprudencial n. 269 da SBDI I do C. TST, do estado de miserabilidade jurídica do trabalhador (Lei n. 1.060/50). Persistindo, pois, em recurso, alegação de insuficiência econômica não desconstituída, deve ser deferida o benefício da justiça gratuita com isenção e custas. Exegese do art. 4º, da Lei n. 1.060/50, com as alterações da Lei n. 7.510/86. (TRT-PR-03466-2003-662-09-00-4- Ac – 24331-2005 – Rel. Ubirajara Carlos Mendes – 27.9.2005)

DEPÓSITO RECURSAL: Podemos concluir que o depósito recursal é uma forma de garantia da execução, uma vez que a empresa é obrigada a recolher, garantindo o juízo, fato esse que não é exigido por parte do empregado.

Porquanto, a empresa quando vencida totalmente ou parcialmente é obrigada a pagar o depósito recursal, caso queira interpor eventual recurso, sendo assim o depósito é um pressuposto de admissibilidade do recurso, pois caso não seja realizado, o recurso não será conhecido, por deserção.

O depósito recursal é efetuado na conta do FGTS do empregado, através da guia GFIP, código 418, e permanece lá, até que a decisão transite em julgado, momento em que o juiz ordenará o levantamento em favor da parte vencedora.

A empresa deverá comprovar o recolhimento, dentro do prazo para a interposição do recurso, art. 7º da Lei n. 5.584/70. Nesse mesmo sentido é o entendimento da Súmula n. 245 do TST.

Com relação às pessoas jurídicas de direito público e do Ministério Público do Trabalho, essas estão isentas do recolhimento de depósito recursal, nos termos do art. 1º, IV, do Decreto-lei n. 779/69 e item X da Instrução Normativa n. 3/1993 do TST, entretanto, não podemos esquecer que tal isenção não abrange as empresas públicas e as sociedades de economia mista.

Outra exceção ao pagamento do depósito recursal são as empresas que se encontram falidas, ou seja, a massa falida não está obrigada ao pagamento do depósito e nem das custas, assim previsto na Súmula n. 86 do TST, contudo não englobando as empresas em liquidação extrajudicial, pois essas sim possuem obrigatoriedade no pagamento das custas e depósito recursal.

Importante descrever os artigos acerca do depósito recursal:

Art. 899 – Os recursos serão interpostos por simples petição e terá efeito meramente devolutivo, salvo as exceções previstas neste Título, permitida a execução provisória até a penhora. (Redação dada pela Lei n. 5.442, de 24.5.1968) (*Vide* Lei n. 7.701, de 1988)

§ 1º Sendo a condenação de valor até 10 (dez) vezes o salário mínimo regional, nos dissídios individuais, só será admitido o recurso, inclusive o extraordinário, mediante prévio depósito da respectiva importância. Transitada em julgado a decisão recorrida, ordenar-se-á o levantamento imediato da importância do depósito, em favor da parte vencedora, por simples despacho do juiz. (Redação dada pela Lei n. 5.442, 24.5.1968)

§ 2º Tratando-se de condenação de valor indeterminado, o depósito corresponderá ao que for arbitrado para efeito de custas, pela Junta ou Juízo de Direito, até o limite de 10 (dez) vezes o salário mínimo da região. (Redação dada pela Lei n. 5.442, 24.5.1968)

§ 3º (Revogado pela Lei n. 7.033, de 5.10.1982)

§ 4º O depósito recursal será feito em conta vinculada ao juízo e corrigido com os mesmos índices da poupança. (Redação dada pela Lei n. 13.467, de 2017)

§ 5º (Revogado). (Redação dada pela Lei n. 13.467, de 2017)

§ 6º Quando o valor da condenação, ou o arbitrado para fins de custas, exceder o limite de 10 (dez) vezes o salário mínimo da região, o depósito para fins de recurso será limitado a este valor. (Incluído pela Lei n. 5.442, 24.5.1968)

§ 7º No ato de interposição do agravo de instrumento, o depósito recursal corresponderá a 50% (cinquenta por cento) do valor do depósito do recurso ao qual se pretende destrancar. (Incluído pela Lei n. 12.275, de 2010).

§ 8º Quando o agravo de instrumento tem a finalidade de destrancar recurso de revista que se insurge contra decisão que contraria a jurisprudência uniforme do Tribunal Superior do Trabalho, consubstanciada nas suas súmulas ou em orientação jurisprudencial, não haverá obrigatoriedade de se efetuar o depósito referido no § 7º deste artigo. (Incluído pela Lei n. 13.015, de 2014)

§ 9º O valor do depósito recursal será reduzido pela metade para entidades sem fins lucrativos, empregadores domésticos, microempreendedores individuais, microempresas e empresas de pequeno porte. (Incluído pela Lei n. 13.467, de 2017)

§ 10º São isentos do depósito recursal os beneficiários da justiça gratuita, as entidades filantrópicas e as empresas em recuperação judicial. (Incluído pela Lei n. 13.467, de 2017)

§ 11º O depósito recursal poderá ser substituído por fiança bancária ou seguro garantia judicial. (Incluído pela Lei n. 13.467, de 2017)

E corroborando, temos a Súmula n. 128 do TST:

DEPÓSITO RECURSAL (incorporadas as Orientações Jurisprudenciais ns. 139, 189 e 190 da SBDI-1) – Res. n. 129/2005, DJ 20, 22 e 25.4.2005.

I – É ônus de a parte recorrente efetuar o depósito legal, integralmente, em relação a cada novo recurso interposto, sob pena de deserção. Atingido o valor da condenação, nenhum depósito mais é exigido para qualquer recurso. (ex-Súmula n. 128, alterada pela Res. 121/2003, DJ 21.11.03, que incorporou a OJ n. 139 da SBDI-1 – inserida em: 27.11.1998)

II – Garantido o juízo, na fase executória, a exigência de depósito para recorrer de qualquer decisão viola os incisos II e LV do art. 5º da CF/1988. Havendo, porém, elevação do valor do débito, exige-se a complementação da garantia do juízo. (Ex-OJ n. 189 da SBDI-1 – inserida em: 8.11.2000)

III – Havendo condenação solidária de duas ou mais empresas, o depósito recursal efetuado por uma delas aproveita as demais, quando a empresa que efetuou o depósito não pleiteia sua exclusão da lide. (ex-OJ n. 190 da SBDI-1 – inserida em: 8.11.2000)

EMPRESA EM LIQUIDAÇÃO EXTRAJUDICIAL. NÃO HÁ ISENÇÃO DE PREPARO PARA RECURSO. A liquidação extrajudicial não está isenta do pagamento das custas processuais e do depósito recursal, que são pressupostos objetivos para o conhecimento do recurso. Correta a decisão. Não há na legislação qualquer diploma ou dispositivo que isente a ré, nesta situação do descumprimento dos requisitos básicos para o apelo. Também, não há falar-se em assistência judiciária gratuita em virtude desse fato. (TRT – 2ª Região – Ac. 20080313170 – 29.4.2008 – Proc. 20070033417 – Rel. Carlos Roberto Husek)

DEPÓSITO RECURSAL E CUSTAS. RECOLHIMENTO. PRESSUPOSTO RECURSAL. DESERÇÃO. NÃO CONHECIMENTO. A reclamada, embora tenha interposto recurso ordinário a fls. 159/164, não juntou aos autos o comprovante do pagamento das custas e do recolhimento do depósito recursal, razão pela qual não conheço do recurso, por deserto. (TRT – 2ª Região – Ac. 20080860677 – 25.9.2008 – Relª. Vânia Paranhos – Proc. 20070913158)

6

Recursos em Espécie

No Processo do Trabalho são possíveis os seguintes recursos:

- Ordinário;
- De revista;
- Agravo de instrumento;
- Agravo de petição;
- Embargos infringentes e de divergência;
- Agravo regimental;
- Pedido de revisão;
- Adesivo;
- Embargos declaratórios;
- Extraordinário;
- Correição parcial (reclamação correcional).

Recurso ordinário

O recurso ordinário com previsão no art. 895 da CLT deve ser interposto no prazo de oito dias, com igual prazo para as contrarrazões; tal recurso é equivalente à apelação do Processo Civil.

Tem cabimento com relação às sentenças terminativas ou definitivas, prolatadas pela Vara do Trabalho ou pelo juiz de direito no exercício da jurisdição trabalhista e ainda caberá das decisões definitivas prolatadas pelos Tribunais Regionais do Trabalho, nos processos de competência do Tribunal, em dissídios coletivos e individuais, ação rescisória e mandado de segurança.

Importante ressaltar que na ausência de quaisquer das condições de ação, pressupostos ou nos casos de arquivamento da reclamação, por ausência do reclamante, que são decisões terminativas, sem resolução de mérito, a parte que se sentir prejudicada poderá interpor o recurso ordinário.

Será considerado recurso ordinário por imposição legal, também chamado recurso *ex-officio*, quando decorrente das sentenças contrárias à União, aos Estados, aos Municípios, às fundações de direito público e autarquias (Decreto-Lei n. 779/69), entretanto, tal fato não é na verdade considerado um recurso, uma vez que o juiz que prolatou a sentença não recorre da própria decisão, o que seria um absurdo. O que torna o ato uma simples e necessária remessa de ofício ao tribunal para que a decisão seja revista, objetivando resguardar interesses públicos.

Poderá ser interposto, quando o juiz acolhe a exceção de incompetência em razão do lugar e determina a remessa dos autos, para outra jurisdição trabalhista, previsto na Súmula n. 214 do TST.

Ou, ainda, com relação à declaração de incompetência absoluta em razão da matéria, o juízo trabalhista remete os autos à Justiça comum.

Nos casos da competência originária do Tribunal, citamos a ação rescisória, proposta no TRT, onde, segundo a Súmula n. 158 do TST, são cabíveis recursos ordinários para o TST. Quanto ao mandado de segurança, de sua decisão junto do TRT, é plenamente cabível o recurso ordinário para o TST, Súmula n. 201 TST.

O processamento do recurso ordinário segue a seguinte forma:

Deve ser interposto no juízo *a quo*, que realiza o primeiro juízo de admissibilidade, verificando se a parte preencheu todos os requisitos.

Após, conhecido o recurso, o juiz abre vistas para que a parte contrária apresente suas contrarrazões.

Feito isso, tendo apresentado ou não as contrarrazões, fica facultado ao juiz reconsiderar sua decisão.

Com a mantença da decisão, o juiz *a quo* encaminhará os autos para a instância superior, ou seja, o juízo *ad quem*.

No Tribunal, o recurso é recebido pelo juiz relator, que realizará o segundo juízo de admissibilidade, conhecendo ou não o recurso.

Sendo conhecido, segue para a Turma, para que essa dê provimento ou não, com a consequente prolação do acórdão.

Com relação ao rito sumaríssimo, o recurso ordinário possui algumas peculiaridades, que serão destacadas abaixo.

O rito sumaríssimo teve a sua origem pela Lei n. 9.957/2000, trazendo alterações na CLT.

Portanto, ficam aqui evidenciadas as peculiaridades no processamento do recurso ordinário, nos ritos sumaríssimos e ordinários.

Por último, destacamos o chamado rito de alçada ou sumário, quando o valor da causa não ultrapassa dois salários mínimos, nesse caso, não caberá qualquer, exceto quando versar sobre matéria constitucional, que será, portanto, recurso extraordinário e não o ordinário, previsto no art. 2º, § 4º da Lei n. 5.584/70 e aplicação do art. 102, II da CF.

CAUSA DE PEDIR E PEDIDO. INOVAÇÃO EM SEDE RECURSAL. É defeso à parte modificar a causa de pedir e o pedido em sede recursal, sob pena de ofensa aos princípios da adstrição e do contraditório e da ampla defesa. Recurso a que se nega provimento. (TRT/SP – 00532200725502005 – RO – Ac. 3ª T. 20090007942 – Relª. Maria Doralice Novaes – DOE 3.2.2009)

Agravo de instrumento

É exercitável em qualquer grau de jurisdição, só podendo ser objeto de julgamento pelo Tribunal Regional ou Superior.

Assim, quando o recurso interposto pela parte não é conhecido, ou, em outras palavras, é denegado seguimento, a medida cabível é a interposição de agravo de instrumento, no prazo de oito dias, ressaltando que não existe preparo.

Será interposto perante o juízo que negou seguimento, possibilitando o chamado juízo de retratação, podendo o Magistrado reconsiderar ou não sua decisão.

Após o conhecimento, a parte contrária terá o prazo de oito dias para apresentar suas contrarrazões e o mesmo será remetido para a instância superior, portanto, será julgado pelo Tribunal competente a apreciar o recurso que foi denegado.

Cabe observar que o agravo de instrumento possui a exigibilidade de que a parte instrua o mesmo com as peças obrigatórias, que abaixo serão elencadas, podendo, também, serem inseridas as denominadas peças facultativas, que o agravante entender serem úteis à solução da demanda.

- Da decisão agravada;
- Da certidão da respectiva intimação;
- Das procurações outorgadas aos advogados do agravante e do agravado;
- Da petição inicial;
- Da contestação;
- Da decisão originária;
- Da comprovação do depósito recursal;
- Do recolhimento das custas.

O art. 899 da CLT determina em seu parágrafo § 7º: "No ato de interposição do agravo de instrumento, o depósito recursal corresponderá a 50% (cinquenta por cento) do valor do depósito do recurso ao qual se pretende destrancar". (Incluído pela Lei n. 12.275, de 2010).

Assim, com a formação do instrumento, o referido recurso será processado em autos próprios, apartado do processo principal.

Em decorrência da Lei n. 9.756/98, a parte pleiteará o julgamento daquele recurso que foi negado seguimento, na mesma sessão, com o objetivo de celeridade processual.

Salienta, ainda, que o juízo da interposição do agravo tem o dever de encaminhá-lo à instância superior, e caso não o faça é cabível a impetração de mandado de segurança.

O Agravo de Instrumento, nesta Justiça Especializada somente é cabível, na hipótese de destrancamento de recurso, a teor do art. 897, *"b"*. (TRT – 2ª Região – Ac 20080950226 – 12ª T. – 7.11.2008 – Proc. 20080684470 – Rel. Delvio Buffulin)

Agravo de Instrumento. Pagamento de custas como requisito de admissibilidade. Custas processuais da fase de execução devem ser pagas a final, segundo a dicção do art. 789-A. Agravo de Instrumento provido. (TRT – 2ª Região – Ac. 20080599650 – 12 ª T. – 11.7.2008 – Proc. 20080370033 – Rel. Davi Furtado Meirelles)

Agravo de Instrumento. Peças necessárias ao exame do recurso principal. Pressuposto objetivo de admissibilidade. Constitui pressuposto objetivo de admissibilidade do Agravo de Instrumento a juntada das peças dos autos principais que são necessárias ao exame do recurso principal. Assim a cópia de documentos que foram mencionados na sentença e que servem de fundamento ao exame do mérito do recurso. Agravo não conhecido. (TRT – 2ª Região – Ac. 20080946245 – 11ª T. – 04.11.2008 – Proc. 20080113367 – Rel. Eduardo De Azevedo Silva)

Recurso de revista

O recurso de revista é previsto no art. 896, CLT, sendo admitido em face dos acórdãos do TRT em grau de recurso ordinário nos dissídios individuais. Devemos analisar a lei, antes mesmo de adentrar a esse recurso, além do mais, a reforma trabalhista traz novas regras nesse sentido:

Art. 896 – Cabe Recurso de Revista para Turma do Tribunal Superior do Trabalho das decisões proferidas em grau de recurso ordinário, em dissídio individual, pelos Tribunais Regionais do Trabalho, quando: (Redação dada pela Lei n. 9.756, de 17.12.1998)

a) Derem ao mesmo dispositivo de lei federal interpretação diversa da que lhe houver dado outro Tribunal Regional do Trabalho, no seu Pleno ou Turma, ou a Seção de Dissídios Individuais do Tribunal Superior do Trabalho, ou contrariarem súmula de jurisprudência uniforme dessa Corte ou súmula vinculante do Supremo Tribunal Federal; (Redação dada pela Lei n. 13.015, de 2014)

b) Derem ao mesmo dispositivo de lei estadual, Convenção Coletiva de Trabalho, Acordo Coletivo, sentença normativa ou regulamento empresarial de observância obrigatória em área territorial que exceda a jurisdição do Tribunal Regional prolator da decisão recorrida, interpretação divergente, na forma da alínea *"a"*; (Redação dada pela Lei n. 9.756, de 17.12.1998)

c) Proferidas com violação literal de disposição de lei federal ou afronta direta e literal à Constituição Federal. (Redação dada pela Lei n. 9.756, de 17.12.1998)

§ 1º O Recurso de Revista, dotado de efeito apenas devolutivo, será interposto perante o Presidente do Tribunal Regional do Trabalho, que, por decisão fundamentada, poderá recebê-lo ou denegá-lo. (Redação dada pela Lei n. 13.015, de 2014)

§ 1º-A. Sob pena de não conhecimento, é ônus da parte: (Incluído pela Lei n. 13.015, de 2014)

I – Indicar o trecho da decisão recorrida que consubstancia o prequestionamento da controvérsia objeto do recurso de revista; (Incluído pela Lei n. 13.015, de 2014)

II – Indicar, de forma explícita e fundamentada, contrariedade a dispositivo de lei, súmula ou orientação jurisprudencial do Tribunal Superior do Trabalho que conflite com a decisão regional; (Incluído pela Lei n. 13.015, de 2014)

III – Expor as razões do pedido de reforma, impugnando todos os fundamentos jurídicos da decisão recorrida, inclusive mediante demonstração analítica de cada dispositivo de lei, da Constituição Federal, de súmula ou orientação jurisprudencial cuja contrariedade aponte. (Incluído pela Lei n. 13.015, de 2014)

IV – Transcrever na peça recursal, no caso de suscitar preliminar de nulidade de julgado por negativa de prestação jurisdicional, o trecho dos embargos declaratórios em que foi pedido o pronunciamento do tribunal sobre questão veiculada no recurso ordinário e o trecho da decisão regional que rejeitou os embargos quanto ao pedido, para cotejo e verificação, de plano, da ocorrência da omissão. (Incluído pela Lei n. 13.467, de 2017)

§ 2º Das decisões proferidas pelos Tribunais Regionais do Trabalho ou por suas Turmas, em execução de sentença, inclusive em processo incidente de embargos de terceiro, não caberá Recurso de Revista, salvo na hipótese de ofensa direta e literal de norma da Constituição Federal. (Redação dada pela Lei n. 9.756, de 17.12.1998)

(...)

§ 7º A divergência apta a ensejar o recurso de revista deve ser atual, não se considerando como tal a ultrapassada por súmula do Tribunal Superior do Trabalho ou do Supremo Tribunal Federal, ou superada por iterativa e notória jurisprudência do Tribunal Superior do Trabalho. (Incluído pela Lei n. 13.015, de 2014)

§ 8º Quando o recurso fundar-se em dissenso de julgados incumbe ao recorrente o ônus de produzir prova da divergência jurisprudencial, mediante certidão, cópia ou citação do repositório de jurisprudência, oficial ou credenciado, inclusive em mídia eletrônica, em que houver sido publicada a decisão divergente, ou ainda pela reprodução de julgado disponível na internet, com indicação da respectiva fonte, mencionando, em qualquer caso, as circunstâncias que identifiquem ou assemelhem os casos confrontados. (Incluído pela Lei n. 13.015, de 2014)

§ 9º Nas causas sujeitas ao procedimento sumaríssimo, somente será admitido recurso de revista por contrariedade à súmula de jurisprudência uniforme do Tribunal Superior do Trabalho ou a súmula vinculante do Supremo Tribunal Federal e por violação direta da Constituição Federal. (Incluído pela Lei n. 13.015, de 2014)

§ 10. Cabe recurso de revista por violação à lei federal, por divergência jurisprudencial e por ofensa à Constituição Federal nas execuções fiscais e nas controvérsias da fase de execução que envolvam a Certidão Negativa de Débitos Trabalhistas (CNDT), criada pela Lei n. 12.440, de 7.7.2011. (Incluído pela Lei n. 13.015, de 2014)

§ 11. Quando o recurso tempestivo contiver defeito formal que não se repute grave, o Tribunal Superior do Trabalho poderá desconsiderar o vício ou mandar saná-lo, julgando o mérito.

§ 12. Da decisão denegatória caberá agravo, no prazo de 8 (oito) dias. (Incluído pela Lei n. 13.015, de 2014)

§ 13. Dada a relevância da matéria, por iniciativa de um dos membros da Seção Especializada em Dissídios Individuais do Tribunal Superior do Trabalho, aprovada pela maioria dos integrantes da Seção, o julgamento a que se refere o § 3º poderá ser afeto ao Tribunal Pleno. (Incluído pela Lei n. 13.015, de 2014)

§ 14. O relator do recurso de revista poderá denegar-lhe seguimento, em decisão monocrática, nas hipóteses de intempestividade, deserção, irregularidade de representação ou de ausência de qualquer outro pressuposto extrínseco ou intrínseco de admissibilidade. (Incluído pela Lei n. 13.467, de 2017)

Art. 896-A. O Tribunal Superior do Trabalho, no recurso de revista, examinará previamente se a causa oferece transcendência com relação aos reflexos gerais de natureza econômica, política, social ou jurídica. (Incluído pela Medida Provisória n. 2.226, de 4.9.2001)

§ 1º São indicadores de transcendência, entre outros: (Incluído pela Lei n. 13.467, de 2017)

I – Econômica, o elevado valor da causa; (Incluído pela Lei n. 13.467, de 2017)

II – Política, o desrespeito da instância recorrida à jurisprudência sumulada do Tribunal Superior do Trabalho ou do Supremo Tribunal Federal; (Incluído pela Lei n. 13.467, de 2017)

III – Social, a postulação, por reclamante-recorrente, de direito social constitucionalmente assegurado; (Incluído pela Lei n. 13.467, de 2017)

IV – Jurídica, a existência de questão nova em torno da interpretação da legislação trabalhista. (Incluído pela Lei n. 13.467, de 2017)

§ 2º Poderá o relator, monocraticamente, denegar seguimento ao recurso de revista que não demonstrar transcendência, cabendo agravo desta decisão para o colegiado. (Incluído pela Lei n. 13.467, de 2017)

§ 3º Em relação ao recurso que o relator considerou não ter transcendência, o recorrente poderá realizar sustentação oral sobre a questão da transcendência, durante cinco minutos em sessão. (Incluído pela Lei n. 13.467, de 2017)

§ 4º Mantido o voto do relator quanto à não transcendência do recurso, será lavrado acórdão com fundamentação sucinta, que constituirá decisão irrecorrível no âmbito do tribunal. (Incluído pela Lei n. 13.467, de 2017)

§ 5º É irrecorrível a decisão monocrática do relator que, em agravo de instrumento em recurso de revista, considerar ausente a transcendência da matéria. (Incluído pela Lei n. 13.467, de 2017)

§ 6º O juízo de admissibilidade do recurso de revista exercido pela Presidência dos Tribunais Regionais do Trabalho limita-se à análise dos pressupostos intrínsecos e extrínsecos do apelo, não abrangendo o critério da transcendência das questões nele veiculadas. (Incluído pela Lei n. 13.467, de 2017)

Art. 896-B. Aplicam-se ao recurso de revista, no que couber, as normas da Lei n. 5.869, de 11 de janeiro de 1973 (Código de Processo Civil), relativas ao julgamento dos recursos extraordinário e especial repetitivos. (Incluído pela Lei n. 13.015, de 2014)

Art. 896-C. Quando houver multiplicidade de recursos de revista fundados em idêntica questão de direito, a questão poderá ser afetada à Seção Especializada em Dissídios Individuais ou ao Tribunal Pleno, por decisão da maioria simples de seus membros, mediante requerimento de um dos Ministros que compõem a Seção Especializada, considerando a relevância da matéria ou a existência de entendimentos divergentes entre os Ministros dessa Seção ou das Turmas do Tribunal. (Incluído pela Lei n. 13.015, de 2014)

§ 1º O Presidente da Turma ou da Seção Especializada, por indicação dos relatores, afetará um ou mais recursos representativos da controvérsia para julgamento pela Seção Especializada em Dissídios Individuais ou pelo Tribunal Pleno, sob o rito dos recursos repetitivos. (Incluído pela Lei n. 13.015, de 2014)

§ 2º O Presidente da Turma ou da Seção Especializada que afetar processo para julgamento sob o rito dos recursos repetitivos deverá expedir comunicação aos demais Presidentes de Turma ou de Seção Especializada, que poderão afetar outros processos sobre a questão para julgamento conjunto, a fim de conferir ao órgão julgador visão global da questão. (Incluído pela Lei n. 13.015, de 2014)

§ 3º O Presidente do Tribunal Superior do Trabalho oficiará os Presidentes dos Tribunais Regionais do Trabalho para que suspendam os recursos interpostos em casos idênticos aos afetados como recursos repetitivos, até o pronunciamento definitivo do Tribunal Superior do Trabalho. (Incluído pela Lei n. 13.015, de 2014)

§ 4º Caberá ao Presidente do Tribunal de origem admitir um ou mais recursos representativos da controvérsia, os quais serão encaminhados ao Tribunal Superior do Trabalho, ficando suspensos os demais recursos de revista até o pronunciamento definitivo do Tribunal Superior do Trabalho. (Incluído pela Lei n. 13.015, de 2014)

§ 5º O relator no Tribunal Superior do Trabalho poderá determinar a suspensão dos recursos de revista ou de embargos que tenham como objeto controvérsia idêntica à do recurso afetado como repetitivo. (Incluído pela Lei n. 13.015, de 2014)

§ 6º O recurso repetitivo será distribuído a um dos Ministros membros da Seção Especializada ou do Tribunal Pleno e a um Ministro revisor. (Incluído pela Lei n. 13.015, de 2014)

§ 7º O relator poderá solicitar, aos Tribunais Regionais do Trabalho, informações a respeito da controvérsia, a serem prestadas no prazo de 15 (quinze) dias. (Incluído pela Lei n. 13.015, de 2014)

§ 8º O relator poderá admitir manifestação de pessoa, órgão ou entidade com interesse na controvérsia, inclusive como assistente simples, na forma da Lei n. 5.869, de 11 de janeiro de 1973 (Código de Processo Civil). (Incluído pela Lei n. 13.015, de 2014)

§ 9º Recebidas as informações e, se for o caso, após cumprido o disposto no § 7º deste artigo, terá vista o Ministério Público pelo prazo de 15 (quinze) dias. (Incluído pela Lei n. 13.015, de 2014)

§ 10. Transcorrido o prazo para o Ministério Público e remetida cópia do relatório aos demais Ministros, o processo será incluído em pauta na Seção Especializada ou no Tribunal Pleno, devendo ser julgado com preferência sobre os demais feitos. (Incluído pela Lei n. 13.015, de 2014)

§ 11. Publicado o acórdão do Tribunal Superior do Trabalho, os recursos de revista sobrestados na origem: (Incluído pela Lei n. 13.015, de 2014)

I – Terão seguimento denegado na hipótese de o acórdão recorrido coincidir com a orientação a respeito da matéria no Tribunal Superior do Trabalho; ou (Incluído pela Lei n. 13.015, de 2014)

II – Serão novamente examinados pelo Tribunal de origem na hipótese de o acórdão recorrido divergir da orientação do Tribunal Superior do Trabalho a respeito da matéria. (Incluído pela Lei n. 13.015, de 2014)

§ 12. Na hipótese prevista no inciso II do § 11 deste artigo, mantida a decisão divergente pelo Tribunal de origem, far-se-á o exame de admissibilidade do recurso de revista. (Incluído pela Lei n. 13.015, de 2014)

§ 13. Caso a questão afetada e julgada sob o rito dos recursos repetitivos também contenha questão constitucional, a decisão proferida pelo Tribunal Pleno não obstará o conhecimento de eventuais recursos extraordinários sobre a questão constitucional. (Incluído pela Lei n. 13.015, de 2014)

§ 14. Aos recursos extraordinários interpostos perante o Tribunal Superior do Trabalho será aplicado o procedimento previsto no art. 543-B da Lei n. 5.869, de 11 de janeiro de 1973 (Código de

Processo Civil), cabendo ao Presidente do Tribunal Superior do Trabalho selecionar um ou mais recursos representativos da controvérsia e encaminhá-los ao Supremo Tribunal Federal, sobrestando os demais até o pronunciamento definitivo da Corte, na forma do § 1º do art. 543-B da Lei n. 5.869, de 11 de janeiro de 1973 (Código de Processo Civil). (Incluído pela Lei n. 13.015, de 2014)

§ 15. O Presidente do Tribunal Superior do Trabalho poderá oficiar os Tribunais Regionais do Trabalho e os Presidentes das Turmas e da Seção Especializada do Tribunal para que suspendam os processos idênticos aos selecionados como recursos representativos da controvérsia e encaminhados ao Supremo Tribunal Federal, até o seu pronunciamento definitivo. (Incluído pela Lei n. 13.015, de 2014)

§ 16. A decisão firmada em recurso repetitivo não será aplicada aos casos em que se demonstrar que a situação de fato ou de direito é distinta das presentes no processo julgado sob o rito dos recursos repetitivos. (Incluído pela Lei n. 13.015, de 2014)

§ 17. Caberá revisão da decisão firmada em julgamento de recursos repetitivos quando se alterar a situação econômica, social ou jurídica, caso em que será respeitada a segurança jurídica das relações firmadas sob a égide da decisão anterior, podendo o Tribunal Superior do Trabalho modular os efeitos da decisão que a tenha alterado. (Incluído pela Lei n. 13.015, de 2014)

O recurso de revista objetiva, principalmente, a uniformização de jurisprudência.

Somente vai para o Tribunal Superior do Trabalho, por meio desse recurso, matéria de direito, que é o confronto da lei *versus* o acórdão, uma vez que as matérias de fato devem ser discutidas até a apreciação do recurso ordinário.

Com referência a esse assunto, destacamos a Súmula n. 126 do Colendo Tribunal Superior do Trabalho:

"Súmula n. 126/TST: Incabível o recurso de revista ou de embargos para reexame de fatos e provas."

O prazo para a propositura do recurso de revista é de 8 (oito) dias a partir da publicação do acórdão, sendo que o recurso é dirigido ao juízo *ad quem*, que é o TST, por meio do Tribunal prolator do acórdão.

Para que o recorrente comprove a divergência jurisprudencial, a Súmula n. 337 do Tribunal Superior do Trabalho determina:

Súmula n. 337/TST:

a) Junte certidão ou cópia autenticada do acórdão paradigma ou cite a fonte oficial ou repositório autorizado em que foi publicado;

b) Transcreva, nas razões recursais, as emendas e/ou trechos dos acórdãos trazidos à configuração do dissídio, mencionando as teses que identifiquem os casos confrontados, ainda que os acórdãos já se encontrem nos autos ou venham a ser juntados com o recurso (Res. n. 35/94, DJ 18-21 e 22.11.94).

A admissibilidade do recurso de revista está subordinada à existência de divergência jurisprudencial atual. A jurisprudência ultrapassada por súmula não é considerada atual.

Oportuno lembrar que das decisões proferidas pelo TRT ou por suas Turmas, em execução de sentença, inclusive em processo incidente de embargos de terceiro, não caberá recurso de revista, sendo essa a regra geral.

Contudo, a exceção ocorre na hipótese de ofensa literal de norma da Constituição Federal, onde é cabível a interposição do recurso.

Assim é o entendimento do Tribunal Superior do Trabalho, previsto na Súmula n. 266:

"Súmula n. 266/TST: A admissibilidade do recurso de revista interposto de acórdão proferido em agravo de petição, na liquidação de sentença ou em processo incidente na execução, inclusive os embargos de terceiro, depende de demonstração inequívoca de violação direta à Constituição Federal."

Contudo, há que se observar que nas demandas trabalhistas, que seguem o rito sumaríssimo, o recurso de revista possui certas peculiaridades.

AGRAVO DE INSTRUMENTO. ADMISSIBILIDADE. RECURSO DE REVISTA. PROCEDIMENTO SUMARÍSSIMO. DEPÓSITO RECURSAL. Nos termos da CLT, o recurso de revista em causa sujeita a procedimento sumaríssimo somente é cabível por contrariedade à súmula de jurisprudência uniforme desta Corte ou por violação direta de preceito da Constituição Federal. Não observados esses estritos requisitos de cabimento, obsta-se o processamento do recurso de revista. Agravo de instrumento a que se nega provimento. (TST – Processo: AIRR – 9047/2007-673-09-40.8 – Data de Julgamento: 22.10.2008, rel. Min. Emmanoel Pereira, 5ª Turma, Data de Publicação: DJ 7.11.2008)

RECURSO DE REVISTA. EXECUÇÃO. Incabível recurso de revista em execução de sentença quando não alicerçado na existência de ofensa literal e inequívoca a dispositivo constitucional. Inteligência da Súmula n. 266 do TST. Agravo de instrumento ao qual se nega provimento. (TST – Processo: AIRR – 428101/1998.9 – Data de Julgamento: 3.2.1999, rel. Min. João Oreste Dalazen, 1ª Turma, Data de Publicação: DJ 19.3.1999)

DEPÓSITO RECURSAL EM FASE DE EXECUÇÃO QUANDO JÁ GARANTIDA A EXECUÇÃO POR PENHORA. DESNECESSIDADE. Garantido o juízo na fase de execução de sentença, a exigência de depósito recursal para recorrer de qualquer decisão viola os incisos II e LV do art. 5º da CF/88. Havendo, porém, elevação do valor do débito, exige-se a complementação da garantia do juízo. Iterativa, notória e atual jurisprudência – Item n. 189 da Orientação Jurisprudencial da Subseção I Especializada em Dissídios Individuais do Tribunal Superior do Trabalho. Recurso de Revista em execução conhecido e provido. (Processo: RR – 521451/1998.1 – Data de Julgamento: 31.10.2001, rel. Min. Rider de Brito, 5ª Turma, Data de Publicação: DJ 8.2.2002)

Destaca-se que o recurso de revista, além da exigência de todos os pressupostos de admissibilidade, tratados no capítulo específico, exige alguns requisitos essenciais para seu conhecimento, ou seja, o prequestionamento da matéria, a transcendência e a Instrução Normativa n. 23/2003.

a) Prequestionamento

Vamos entender o que é "prequestionamento". Consiste no exame, em instância inferior, de alegação de que determinada norma legal tenha sido desrespeitada, justificando-se, assim, que o recurso de revista para o TST invoque essa suposta violação da lei.

Desta feita, prequestionar é discutir, argumentar, rebater a matéria antes (pré) que ela seja encaminhada ao órgão superior.

Assim, a Súmula n. 297 do Tribunal Superior do Trabalho estabelece:

"Súmula 297/TST: Diz-se prequestionada a matéria quando na decisão impugnada haja sido adotada, explicitamente, tese a respeito. Incumbe à parte interessada interpor embargos declaratórios objetivando o pronunciamento sobre o tema, sob pena de preclusão."

Portanto, são perfeitamente cabíveis embargos declaratórios, que não poderão ser tidos como protelatórios, se interpostos com o objetivo de prequestionar a matéria.

> "Do exposto, conclui-se que o prequestionamento é um ônus da parte, intimamente vinculado aos princípios do dispositivo e da devolutividade recursal. Segue-se a linha de que o juiz não pode prestar jurisdição sem que a parte o provoque e de que um Tribunal não pode apreciar questão não solucionada pela instância *a quo*." (DIAS, Luiz Claudio Portinho. Prequestionamento na Justiça do Trabalho. *Jus Navigandi*, nov.1999. Disponível em: <http://jus2.uol.com.br/doutrina/texto.asp?id=1270>).

Portanto, o prequestionamento é uma condição para que a revista seja conhecida, devendo ser demonstrado na peça de interposição, que a matéria encontra-se prequestionada e também nas razões, pois lembramos aqui que são realizados dois juízos de admissibilidade.

> Por unanimidade, não conhecer integralmente do recurso de revista. RECURSO DE REVISTA. PREQUESTIONAMENTO. O prequestionamento é *condictio sine qua non* ao conhecimento da revista, pois a ausência de pronunciamento pelo Tribunal *a quo* impede a verificação da violação legal ou constitucional, assim como o confronto jurisprudencial (Enunciado n. 297/TST). Recurso de revista não conhecido. (Proc. 268489/1996-8 TRT DA 5ª REGIÃO 4ª TURMA/TST – Rel. Ministro Milton Moura França – 18.9.1998)

b) Transcendência

Referido requisito é um mecanismo de seleção dos processos, analisando se serão ou não apreciados em instância superior.

Dessa forma, com a publicação da Medida Provisória n. 2.226, cujo art. 1º inseriu na Consolidação das Leis do Trabalho o novo art. 896-A:

> Art. 896-A. O Tribunal Superior do Trabalho, no recurso de revista, examinará previamente se a causa oferece transcendência com relação aos reflexos gerais de natureza econômica, política, social ou jurídica.

Assim, podemos entender como transcendência, algo que gere repercussão geral, requisito conhecido do recurso extraordinário, ou seja, o Tribunal Superior só irá conhecer o recurso caso a matéria discutida seja de grande interesse.

A palavra transcendência possui na língua portuguesa o seguinte significado: Transcendente é algo "que transcende; muito elevado; superior, sublime, excelso: virtudes transcendentes".

Concluímos então que a discussão deve trazer direitos que afetem (transcenda) perante a sociedade num todo, como é a repercussão geral.

> "Tal princípio exterioriza a função que está na essência dos Tribunais Superiores, ou seja, julgar apenas as questões cuja transcendência política, social, econômica ou jurídica ultrapasse o exclusivo interesse das partes, para preservação da ordem jurídica, da Federação e da segurança do Direito, que deve ser aplicado uniformemente no país". (MARTINS, Ives Gandra da Silva. *O princípio da transcendência em processo trabalhista. Jus Navigandi*, Teresina, 6º ano, n. 52, nov. 2001).

Instrução Normativa n. 23/2003

A IN n. 23/2003 prevê que a parte recorrente deve demonstrar o preenchimento dos requisitos de admissibilidade do recurso e especificar o trecho da decisão recorrida que afrontou a lei.

Preveem recomendações destinadas a tornar mais célere a tramitação dos recursos, lembrando que cancelou a antiga Instrução Normativa n. 22.

Nesse sentido, a instrução normativa vem regulamentar que a parte apresente um recurso de maneira adequada atendendo aos interesses dos próprios recorrentes e principalmente a viabilização da prestação jurisdicional.

Diante disso, entendemos por bem transcrever a referida Instrução Normativa n. 23/2003, servindo como base para a interposição dos recursos de revista.

INSTRUÇÃO NORMATIVA N. 23 de 2003

Editada pela Resolução n. 118.

Publicada no Diário da Justiça em 14.8.2003.

Dispõe sobre petições de recurso de revista.

Considerando a necessidade de racionalizar o funcionamento da Corte, para fazer frente à crescente demanda recursal, e de aperfeiçoar a utilização dos recursos da informática, visando à celeridade da prestação jurisdicional, anseio do jurisdicionado;

Considerando a natureza extraordinária do recurso de revista e a exigência legal de observância de seus pressupostos de admissibilidade;

Considerando que a elaboração do recurso de maneira adequada atende aos interesses do próprio recorrente, principalmente na viabilização da prestação jurisdicional;

Considerando que o advogado desempenha papel essencial à administração da Justiça, colaborando como partícipe direto no esforço de aperfeiçoamento da atividade jurisdicional, merecendo assim atenção especial na definição dos parâmetros técnicos que racionalizam e objetivam seu trabalho;

Considerando que facilita o exame do recurso a circunstância de o recorrente indicar as folhas em que se encontra a prova da observância dos pressupostos extrínsecos do recurso;

Considerando que, embora a indicação dessas folhas não seja requisito legal para conhecimento do recurso, é recomendável que o recorrente o faça;

RESOLVE quanto às petições de recurso de revista:

I – Recomendar sejam destacados os tópicos do recurso e, ao demonstrar o preenchimento dos seus pressupostos extrínsecos, sejam indicadas as folhas dos autos em que se encontram:

a) A procuração e, no caso de elevado número de procuradores, a posição em que se encontra(m) o(s) nome(s) do(s) subscritor(es) do recurso;

b) A ata de audiência em que o causídico atuou, no caso de mandato tácito;

c) O depósito recursal e as custas, caso já satisfeitos na instância ordinária;

d) Os documentos que comprovam a tempestividade do recurso (indicando o início e o termo do prazo, com referência aos documentos que o demonstram).

II – Explicitar que é ônus processual da parte demonstrar o preenchimento dos pressupostos intrínsecos do recurso de revista, indicando:

a) Qual o trecho da decisão recorrida que consubstancia o prequestionamento da controvérsia trazida no recurso;

b) Qual o dispositivo de lei, súmula, orientação jurisprudencial do TST ou ementa (com todos os dados que permitam identificá-la) que atrita com a decisão regional.

III – Reiterar que, para comprovação da divergência justificadora do recurso, é necessário que o recorrente:

a) junte certidão ou cópia autenticada do acórdão paradigma ou cite a fonte oficial ou repositório em que foi publicado;

b) transcreva, nas razões recursais, as ementas e/ou trechos dos acórdãos trazidos à configuração do dissídio, demonstrando os conflitos de teses que justifiquem o conhecimento do recurso, ainda que os acórdãos já se encontrem nos autos ou venham a ser juntados com o recurso.

IV – Aplica-se às contrarrazões o disposto nesta Instrução, no que couber.

Sala de Sessões, 05 de agosto de 2003.

VALÉRIO AUGUSTO FREITAS DO CARMO

Diretor-Geral de Coordenação Judiciária

Embargos no Tribunal Superior do Trabalho

Devemos antes de iniciarmos o estudo sobre os embargos, entender que embargos para o TST é gênero de duas espécies que são embargos de divergência e embargos infringentes.

Contudo, convém esclarecer que a Lei n. 7.701/88 previa a possibilidade de embargos de divergência, infringentes e nulidade.

Entretanto, com a alteração trazida pela Lei n. 11.496/2007, excluiu a figura do embargo de nulidade, em vigor desde 25.6.2007.

Embargos de divergência

Cabem embargos de divergência das decisões que:

- Divergentes das Turmas;
- Decisões das Turmas divergentes, da seção de dissídios individuais;
- Decisões das Turmas divergentes de enunciados e súmulas.

Possuem natureza extraordinária e somente podem versar sobre matéria de direito, ou seja, confronto entre o acórdão e a fundamentação legal.

O prazo para interposição é de 8 (oito) dias, igualmente para as contrarrazões.

Os embargos de divergência, recurso que será apreciado pelo Tribunal Superior do Trabalho, também preveem o requisito do prequestionamento, visando a pré-discussão da matéria divergente.

Como o próprio nome já diz, o recurso deve comprovar robustamente a divergência, assim, a parte deverá transcrever nas razões recursais, a ementa do acórdão divergente e a indicação precisa da fonte, que deverá ser de repositório idôneo de jurisprudência, isso no caso de dissídio jurisprudencial.

O primeiro juízo de admissibilidade é realizado pelo Presidente da Turma, e caso denegado seguimento para a Seção Especializada de Dissídio Individual, local para onde se encaminha as razões, visando o provimento dos embargos, a parte pode interpor agravo regimental.

EMENTA: RECURSO DE EMBARGOS INTERPOSTO SOB A VIGÊNCIA DA LEI N. 11.496/2007. RECURSO DE REVISTA – NÃO CONHECIMENTO – SÚMULA N. 297/TST – APLICAÇÃO – Ausência de demonstração da divergência específica. Aresto inservível, por ser oriundo de Tribunal Regional, ou inespecífico, atraindo a incidência da Súmula n. 296/TST. (TST – Processo: E-ED-RR – 2237/2004-444-02-00.3 – Data de Julgamento: 4.8.2008, rel. Min. Carlos Alberto Reis de Paula, Subseção I Especializada em Dissídios Individuais, Data de Publicação: DJ 15.8.2008)

Embargos infringentes

Caberão embargos infringentes, das decisões não unânimes, proferidas em processos de dissídio coletivo de sua competência originária.

Portanto, somente poderão ser interpostos embargos infringentes em sede de dissídio coletivo.

Seu processamento ocorrerá na Seção de Dissídios Coletivos, portanto, razões e contrarrazões seguirão para a SDC.

Conforme Regimento Interno do Tribunal Superior do Trabalho – RITST – RA-000.908-2002, art. 72, inciso II, alínea "*c*" e art. 240 e seguintes.

Art. 72. À Seção Especializada em Dissídios Coletivos compete:

I – Em última instância, julgar:

c) Os embargos infringentes interpostos contra decisão não unânime proferida em processo de dissídio coletivo de sua competência originária, salvo se a decisão atacada estiver em consonância com precedente normativo do Tribunal Superior do Trabalho ou com súmula de sua jurisprudência predominante.

EMENTA: PRINCÍPIO DA FUNGIBILIDADE – NÃO APLICAÇÃO – EMBARGOS INFRINGENTES EM RECURSO DE EMBARGOS EM RECURSO DE REVISTA – INCABÍVEL. O recurso de embargos infringentes é meio apto a impugnar estritamente decisão não unânime proferida em processo de dissídio coletivo de competência originária da Seção Especializada em Dissídios Coletivos do TST (exegese dos arts. 2º, inciso II, alínea "*c*", da Lei n. 7.701/88 e 240 do RITST). Excluída essa hipótese, é impertinente a utilização desse instrumento recursal, por absoluta ausência de previsão legal do seu cabimento. (SBDI – 1 – PROC. N. TST-AG-ED-E-RR-1460/1998-090-15-00.1 – Rel. Vantuil Abdala – Publicação: DJ – 15.4.2005)

Agravo regimental

O recurso de agravo regimental é o meio de obter o reexame da decisão, desde que essa esteja impedindo a apreciação de outro recurso ou de ação da competência do próprio Tribunal.

Sendo um recurso limitado ao exame do despacho agravado, quase sempre nos mesmos casos do agravo de instrumento.

Tem previsão expressa nos regimentos internos dos tribunais, e a regra está em cada regimento.

Simplificando, tem utilidade exclusiva para destrancar recurso que foi denegado seguimento, no juízo *ad quem*, portanto, no momento da realização do segundo juízo de admissibilidade, diferente do agravo de instrumento, que é para os casos de denegação no primeiro juízo de admissibilidade.

Ainda, caberá agravo regimental das decisões monocráticas proferidas em sede de:

- Mandado de segurança;
- Embargos de divergência;
- Liminares;
- Embargos infringentes;
- Correição parcial;
- Ação rescisória.

EMENTA: Agravo Regimental. Inadmissibilidade. Consoante redação do art. 205 do Regimento Interno deste E. Regional, não se admite a interposição de agravo regimental contra acórdão prolatado por Turma julgadora, mas apenas contra decisões interlocutórias ou despachos. (TRT – 2ª Região – Acórdão: 20070698931 Turma: 11 Data Julg: 21.8.2007 Data Pub.: 04.9.2007 – Processo 20070020277 – Relª. MARIA APARECIDA DUENHAS)

AGRAVO REGIMENTAL DE DECISÃO CORREICIONAL. IMPOSSIBILIDADE DE JUNTADA DE CÓPIA DO ATO IMPUGNADO NOS AUTOS DA CORREIÇÃO PARCIAL. AGRAVO REGIMENTAL PROVIDO. Considerando que os requerentes não puderam ter acesso aos autos para extração das peças necessárias à instrução da Correição Parcial, uma vez que o próprio MM. Juízo corrigendo informou que havia determinado a remessa dos mesmos a este E. Tribunal, independentemente de intimação das partes, não podem eles ser responsabilizados por um fato a que não deram causa. E isso porque, se a própria Vara do Trabalho não observou o cumprimento do disposto no art. 3.º, item III, do Provimento GP/CR 04/2002, impossibilitando a aferição da tempestividade da medida, não há como negar-se conhecimento à correição parcial por eles ajuizada, por não terem colacionado cópia do ato impugnado. Agravo Regimental de Decisão Correicional provido. (TRT – 2ª Região – SDI – Proc. 10302-2006-000-02-00-9 – Relª. Vania Paranhos – 12.3.2007)

Por fim, o agravo regimental é baseado nos regimentos internos dos tribunais, bem como seu processamento.

Agravo de petição

Disciplinado no art. 897, "*a*", da Consolidação das Leis do Trabalho, é recurso próprio para as decisões que põem fim ao processo na fase de execução; deve ser interposto no prazo de 8 (oito) dias, com igual prazo para a apresentação das contrarrazões.

Da decisão que simplesmente homologa os cálculos de liquidação, não cabe agravo de petição, que só é possível sua discussão após apresentação e decisão dos embargos à execução, embargos de terceiro e impugnação à sentença de liquidação.

Lembrando que à sentença de liquidação, caso ponha fim ao processo, caberá a interposição de agravo de petição, como exemplo, temos uma homologação de cálculos em zero reais, automaticamente, inexiste execução, ou seja, é uma decisão definitiva; ou ainda, no caso de ser extinta a execução, sem a quitação total dos valores em execução, hipótese na qual o exequente poderia interpor agravo de petição para que fosse determinado o prosseguimento da execução.

Há necessidade do pagamento de custas, conforme tabela da Justiça do Trabalho, que serão realizadas, pelo vencido, ao final da execução,

Sérgio Pinto Martins, na sua obra *"Comentário à CLT"*, 4. ed. São Paulo: Atlas, 2001, p. 898-899, leciona, *verbis*:

> "Não caberá o agravo de petição contra decisões interlocutórias na execução, que somente serão recorríveis quando da apreciação do merecimento das decisões. Não se admitirá agravo de petição, portanto: da decisão que entende não ser o caso da produção de determinada prova na execução; da que recusa a nomeação de bens à penhora, por não obedecer à ordem legal; dos despachos de mero expediente; das decisões interlocutórias; do despacho que determinou ou não a perícia contábil (...). O agravo de petição caberá, portanto, da decisão que julga os embargos do devedor, à praça, à arrematação (...)."

Devemos lembrar que o agravo de petição também poderá ser interposto nos casos onde envolvem matéria de ordem pública.

Segundo José Augusto Rodrigues Pinto (*Execução trabalhista*, 9. ed. São Paulo: LTr, 2002, p. 235), o agravo de petição só tem cabimento contra as decisões definitivas em processo de execução trabalhista; e contra as decisões interlocutórias que envolvam matéria de ordem pública a justificar novo exame de seu conteúdo.

Com a reforma trabalhista, trouxe uma nova hipótese de cabimento do agravo de petição, no art. 855-A da CLT, em que determina:

> Art. 855-A. Aplica-se ao processo do trabalho o incidente de desconsideração da personalidade jurídica previsto nos arts. 133 a 137 da Lei n. 13.105, de 16 de março de 2015 – Código de Processo Civil. (Incluído pela Lei n. 13.467, de 2017)
>
> § 1º Da decisão interlocutória que acolher ou rejeitar o incidente: (Incluído pela Lei n. 13.467, de 2017)
>
> I – Na fase de cognição, não cabe recurso de imediato, na forma do § 1º do art. 893 desta Consolidação; (Incluído pela Lei n. 13.467, de 2017)
>
> II – Na fase de execução, cabe agravo de petição, independentemente de garantia do juízo; (Incluído pela Lei n. 13.467, de 2017)
>
> III – Cabe agravo interno se proferida pelo relator em incidente instaurado originariamente no tribunal. (Incluído pela Lei n. 13.467, de 2017)

§ 2º A instauração do incidente suspenderá o processo, sem prejuízo de concessão da tutela de urgência de natureza cautelar de que trata o art. 301 da Lei n. 13.105, de 16 de março de 2015 (Código de Processo Civil). (Incluído pela Lei n. 13.467, de 2017)

EMENTA: CABIMENTO DE AGRAVO DE PETIÇÃO. A decisão contra a qual se insurge a agravante é decisão interlocutória, contra a qual não cabe a interposição de agravo de petição, posto que não terminativa do feito. Provimento negado. (TRT – 4ª Região – Acórdão do processo 01109-2004-017-04-01-9 (AI) – Redator: Luiz Alberto de Vargas – Data: 13.2.2008 Origem: 17ª Vara do Trabalho de Porto Alegre)

Desrespeito à coisa julgada – Agravo de Petição. É anulável decisão que se fundamenta em laudo pericial que não respeita a coisa julgada. No caso, a média anual concedida pela *res judicata* não foi observada, como deveria. Agravo de Petição que se acolhe para determinar que nova decisão seja proferida após novo laudo pericial. (TRT – 15ª Região – Decisão n. 012468/1995-SPAJ. AP – Relª. Irany Ferrari)

AGRAVO DE INSTRUMENTO. DECISÃO INTERLOCUTÓRIA TERMINATIVA. IMPUGNAÇÃO POR MEIO DE AGRAVO DE PETIÇÃO. POSSIBILIDADE. A norma inscrita na alínea *"a"* do art. 897 do texto consolidado vincula o agravo de petição às decisões definitivas proferidas no processo de execução. Todavia, alargando o alcance dessa norma, a jurisprudência tem admitido o manejo do recurso de agravo de petição contra decisões interlocutórias terminativas do feito. (TRT – 6ª Região – PROC: 02157-1993-010-06-01-5 (AI) – Órgão Julgador: 1ª Turma – Juiz relator Marcelo da Veiga Pessoa Bacallá – 10ª Vara do Trabalho de Recife/PE)

Requisitos para interposição

Como todos os recursos, o agravo de petição, além dos pressupostos já conhecidos, exige que a parte delimite a matéria e os valores que serão discutidos.

Na delimitação dos valores, deverão ser transcritos todos os valores a serem discutidos e as razões da impugnação, mesmo quando houver impugnação total do cálculo. Na delimitação da matéria, trata-se da discriminação do tema a ser discutido, como no caso de alteração da coisa julgada, por exemplo.

Com redação determinada pela Lei n. 8.432, de 11 de junho de 1992, há necessidade de se delimitar as matérias e os valores impugnados por meio de agravo de petição, uma vez que a matéria esteja delimitada, mas não os valores, não será conhecido o agravo de petição, pois a lei exige cumulativamente o atendimento das duas circunstâncias: delimitação de valores e matéria.

As parcelas e montantes que não sofreram impugnação podem ser submetidas à execução definitiva, ainda que pendente de julgamento o agravo de petição, considerando a lei que o remanescente não pode mais ser alterado.

Há uma exceção a esse princípio, de que a execução, pendente de recurso, é sempre provisória, interrompendo-se o procedimento de expropriação de bens com a penhora ou o depósito do montante executado.

Assim, a execução definitiva da parte não delimitada poderá ser feita nos autos principais, seguindo o agravo de petição em autos apartados ou mediante carta de sentença, onde ocorrerá o envio dos autos principais ao tribunal para exame do recurso.

Conclui-se que o objetivo do legislador, ao determinar a delimitação dos valores impugnados, foi para permitir a imediata execução da parte incontroversa.

Manoel Antonio Teixeira Filho, na sua obra *Sistema dos recursos trabalhistas*, 8. ed. LTr, p. 312, leciona, *verbis*:

> "Interposto o Agravo, caberá ao Juízo *a quo* após examinar os pressupostos subjetivos e objetivos – declarar se o admite, ou não. Neste ponto houve considerável modificação introduzida pela Lei n. 8.432/92 (art. 49), que deu nova redação, pois, agora, o Agravante deve delimitar, justificadamente, as matérias e os valores impugnados... Incumbe ao Agravante, pois, não apenas precisar (delimitar) as matérias e os valores impugnados, mas fazê-lo de maneira fundamentada, como exige a Lei. Sendo assim, a simples indicação das matérias ou valores contestados não atenderá a esse pressuposto..."

AGRAVO DE PETIÇÃO. AUSÊNCIA DE DELIMITAÇÃO DE VALORES. Não delimitados os valores correspondentes à matéria impugnada no Agravo de Petição, resta descumprida condição de admissibilidade. Agravo de petição que não se conhece. (PROC. N. TRT- 6ª Região – 00810-2004-221-06-00-2 (AP) – Órgão Julgador: 1ª Turma – Relª. Valéria Gondim Sampaio)

AGRAVO DE PETIÇÃO. DELIMITAÇÃO DE VALORES. PENDÊNCIA DE JULGAMENTO DE RECURSO DE REVISTA. A delimitação das matérias e seus respectivos valores de correspondência, de forma a compor a inconformidade, são requisitos imprescindíveis para a interposição do recurso de agravo de petição pelo executado. Referida norma tem por finalidade possibilitar a execução definitiva sobre os valores incontroversos, exigência que a lei não excepciona nem mesmo na execução provisória, como no presente caso, já que pende de julgamento recurso de revista. (TRT – 4ª Região – Acórdão do processo 01031-1999-028-04-00-5 (AP) Redator: Marcelo Gonçalves de Oliveira – Data: 6.12.2007 – Origem: 28ª Vara do Trabalho de Porto Alegre)

AUSÊNCIA DE DELIMITAÇÃO DA MATÉRIA. REQUISITO INDISSOCIÁVEL DE TAL MODALIDADE RECURSAL. AGRAVO DE PETIÇÃO NÃO CONHECIDO. (TRT – 19ª Região – Processo: 01403.2003.003.19.00.2 – AGRAVO DE PETIÇÃO – Procedência: 3ª Vara do Trabalho de Maceió – AL – Desembargadora relatora: Nova Moreira).

Agravo de petição será interposto perante a vara do trabalho, local onde se procede a execução.

Passa pelo juízo de admissibilidade, em que são examinados os pressupostos processuais. No caso do agravo de petição, o juízo de admissibilidade examina também se o agravante delimitou justificadamente as matérias e os valores impugnados, como demonstrado acima, do contrário o recurso não será conhecido.

Conhecido, é aberta vista à parte contrária para oferecimento das contrarrazões, no prazo de oito dias. Em prosseguimento, ordenará o juiz a subida dos autos ao Tribunal Regional do Trabalho, onde será apreciado e julgado por uma de suas Turmas.

O julgamento do agravo de petição se dá como o do recurso ordinário. Da decisão proferida, cabe recurso de revista para o Tribunal Superior do Trabalho, somente nos casos em que presente ofensa à Constituição Federal, como já explicitado no capítulo acima.

Recurso adesivo

Recurso de natureza cível, inexistente na CLT, estabelecendo a Súmula n. 283 do Tribunal Superior do Trabalho a compatibilidade desse recurso com o Processo do Trabalho.

Súmula n. 283 do TST: RECURSO ADESIVO. PERTINÊNCIA NO PROCESSO DO TRABALHO. CORRELAÇÃO DE MATÉRIAS (mantida) – Res. 121/2003, DJ 19, 20 e 21.11.2003.

O recurso adesivo é compatível com o processo do trabalho e cabe, no prazo de 8 (oito) dias, nas hipóteses de interposição de recurso ordinário, de agravo de petição, de revista e de embargos, sendo desnecessário que a matéria nele veiculada esteja relacionada com a do recurso interposto pela parte contrária.

Com prazo de oito dias, tem cabimento nas ações julgadas "procedentes em parte", chamadas também de sucumbência recíproca, que é, quando os litigantes, reclamante e reclamada, são ao mesmo tempo vencedores e vencidos.

Portanto, quando a parte recorre, no momento da recorrida apresentar suas contrarrazões, poderá interpor o recurso adesivo, desde que não tenha interposto recurso anteriormente.

EMENTA: RECURSO ADESIVO. PRESSUPOSTOS DE ADMISSIBILIDADE. Além dos pressupostos genéricos inerentes aos recursos em geral-legitimidade, interesse, capacidade, preparo, tempestividade, adequação, representação e recorribilidade do ato -, o recurso adesivo exige os seguintes pressupostos específicos de admissibilidade: sucumbência recíproca, possibilidade de a parte ter recorrido autonomamente, existência de recurso principal e demais pressupostos específicos exigíveis para os recursos principais aos quais fica o adesivo subordinado. (TRT – 5ª Região – Processo 00582-2007-493-05-00-9 AI, ac. n. 019768/2008, relª. Juíza convocada Léa Nunes, 1ª Turma, DJ 21.8.2008)

RECURSO. INTERPOSIÇÃO DE PRINCIPAL E ADESIVO PELA MESMA PARTE. INADMISSIBILIDADE. É vedado à mesma parte interpor, simultaneamente, recurso principal e adesivo da mesma decisão, em razão de preclusão consumativa. (TRT – 5ª Região – Processo 00615-2007-221-05-00-0 RO, ac. n. 016255/2008, rel. Juiz convocado Sérgio Ferreira de Lima, 5ª Turma, DJ 6.8.2008)

Ressaltando que o recurso adesivo seguirá o principal, porque a ele está subordinado quanto aos requisitos formais. Por exemplo, se o principal não subir por intempestivo, o adesivo também não sobe.

EMENTA: RECURSO ADESIVO. Descabimento para corrigir irregularidade de recurso ordinário autônomo. Em face do princípio da unirrecorribilidade, não pode a parte que interpôs recurso ordinário eivado de irregularidade apresentar recurso adesivo para impugnar a sentença recorrida, ainda que desista do apelo principal. Hipótese de ocorrência de preclusão consumativa. (TRT – 2ª Região – RO – Rel. Wilson Fernandes – Ac. 20080600420 – Proc. 00411-2004-039-02-00-5 – T. 1ª – 22.7.2008)

Não conhecido o recurso principal, não se conhece do recurso adesivo. (TRT – 2ª Região – RO – Rel. Sergio J. B. Junqueira Machado – Ac. 20080514957 – Proc. 01603-2003-023-02-00-2 – T. 3ª – 24.6.2008)

Pedido de revisão

No sistema processual trabalhista, o pedido de revisão era um recurso inominado, *nomen juris*, até que se convencionou chamá-lo, com o advento da Lei n. 5.584, de 26.6.1970, de "pedido de revisão do valor da causa".

Referida lei trata do procedimento de alçada ou sumário, com relação às demandas de até 2 (dois) salários mínimos, previsto apenas para os dissídios individuais.

Assim, o pedido de revisão do valor da causa (de alçada) ocorre quando a parte inconformada visa rever o valor atribuído à reclamação pelo juízo *a quo*, quando da fixação do valor pelo juiz em audiência.

Trata-se de um recurso de efeito regressivo ou misto, pois permite o reexame da decisão pelo órgão prolator, bem como a devolução ao órgão superior, possibilitando o chamado juízo de retratação, salientando que se refere a um ato decisório, de procedimento do primeiro grau, e admite a discussão da matéria de direito e de fato.

O fundamento jurídico do pedido de revisão é a Lei n. 5.584/70, que, em seu art. 2º, § 1º, prevê a possibilidade de interposição, após a ciência do despacho do Juiz que decide acerca da impugnação ao valor fixado para a causa.

Lembrando que, em audiência, poderá a parte prejudicada aduzir em razões finais e impugnar o valor fixado e, caso o Juiz o mantiver, então, pedirá revisão da decisão, no prazo de 48 (quarenta e oito) horas, ao Presidente do Tribunal Regional, que nada mais é do que o recurso de pedido de revisão.

Processa-se sem a intervenção da parte contrária, ou seja, não tem o contraditório, vedada qualquer oportunidade de intervenção da parte adversa do recorrente.

Importante dizer que o valor da causa, de até dois salários mínimos, rito de alçada, implica no não cabimento de nenhum recurso, após a sentença, salvo se versar sobre matéria constitucional.

Vale lembrar que a regra é que não cabe recurso de decisão interlocutória, portanto, a decisão do Juiz em alterar o valor da causa é uma decisão interlocutória, passível de recurso, sendo então uma exceção à regra.

EMENTA: PROCESSO DE ALÇADA. LEI N. 5.584/70, ART. 2. "NA JUSTIÇA DO TRABALHO AS CAUSAS COM VALOR ATÉ DOIS SALÁRIOS MÍNIMOS SÃO DE ALÇADA EXCLUSIVA DA JUNTA. SE NÃO HOUVER PEDIDO DE REVISÃO AO PRESIDENTE DO TRIBUNAL, SÓ CABERÁ RECURSO ORDINÁRIO SE VERSAR SOBRE MATÉRIA CONSTITUCIONAL." (TRT – 2ª Região – RO – Rel. Luiz Edgar Ferraz de Oliveira – Ac 02950542560 – Proc. 02940309340/1994 – T. 9ª – 28.11.1995)

Atualmente, a aplicabilidade de tal procedimento é escassa, inclusive, não se encontrando na doutrina ou na jurisprudência base para sua fundamentação.

Reclamação correcional

Cabe esclarecer que a reclamação correcional não possui natureza de recurso, mas sim natureza administrativa, visa corrigir injustiças ou ilegalidades diante de atos tumultuários do processo, seja por má condução, com subversão da ordem processual, seja por exercício arbitrário da função judicante dentro do processo, caracterizando o *error in procedendo*, observando que será cabível, sempre que inexistir recurso específico.

O prazo é fixado pelos regimentos internos dos Tribunais. Segundo norma do Tribunal Superior do Trabalho, o prazo é de cinco dias, normalmente, reproduzido pelos tribunais regionais.

Com previsão no Regimento Interno do TST, art. 196, visa que a reclamação é a medida destinada à preservação da competência do Tribunal ou a garantia da autoridade de suas decisões.

No Regimento Interno do TRT da 2ª Região, n. 13/2006, art. 79 e seguintes, prevê a possibilidade da reclamação, quando o atentado à fórmula legal do processo, ocorrido em 1ª Instância, contra o qual inexista recurso específico (art. 177 do Regimento Interno), poderá ensejar a Reclamação Correcional.

Preveem que a reclamação correcional deve ser instruída com as alegações do requerente e cópia da documentação comprobatória do mencionado ato, e será dirigida para a autoridade que cometeu o ato, podendo essa se retratar.

Caso não ocorra a retratação, poderá a autoridade apresentar suas informações normalmente com previsão de prazo de 5 (cinco) dias e após será determinada a remessa à Corregedoria Regional. Em tese, a apreciação da reclamação pelo Corregedor ocorrerá no prazo de 10 (dez) dias, e caso necessite de novas informações poderá ser solicitada às partes.

Ressaltando que o resultado do julgamento da reclamação constará do assentamento do Juiz que praticou o ato, com o intuito de acompanhar seu desenvolvimento funcional.

Lembrando que o processamento da reclamação correcional não impede o andamento dos autos principais, que continuará sua tramitação original, na fase em que se encontrar.

Recurso extraordinário

Com o advento da Constituição Federal de 1988, passou o Supremo Tribunal Federal a ter competência para, mediante recurso extraordinário, julgar as causas decididas em única ou última instância, quando a decisão recorrida, dentre outras, afrontar a Constituição Federal (art. 102, III, *c*, da CF/88).

Nos termos do art. 102, inciso III, da Constituição Brasileira, é cabível quando se alegar que a decisão do Tribunal contrariou dispositivo da Constituição; declarou inconstitucional tratado ou lei federal; julgou constitucional lei ou ato de governo local; julgou válida lei local contestada em face de lei federal.

Portanto, são pressupostos específicos dos recursos extraordinários: A existência de uma causa; que essa causa tenha sido decidida em única ou última instância por um tribunal e que a decisão tenha envolvido (direta ou indiretamente) questão federal.

Vale lembrar que para simples reexame de prova não cabe recurso extraordinário: STF, Súmula n. 279 — Incabível o recurso de revista ou de embargos, para reexame de fatos e provas.

Destarte, na esfera trabalhista caberá recurso extraordinário das decisões do Tribunal Superior do Trabalho que violem a Constituição Federal, no prazo de 15 (quinze) dias;

oportuno dizermos que o agravo de instrumento para destrancar o recurso extraordinário na Justiça do Trabalho possui o prazo de 10 (dez) dias.

Para encerrar o recurso extraordinário, deverá respeitar o requisito do artigo que é a repercussão geral.

> **EMENTA:** Recurso extraordinário: descabimento: acórdão recorrido, do Tribunal Superior do Trabalho, que decidiu a questão à luz de legislação infraconstitucional: alegada violação ao texto constitucional que, se ocorresse, seria reflexa ou indireta; ausência de negativa de prestação jurisdicional ou de defesa aos princípios compreendidos nos arts. 5º, II, XXXV, LIV e LV e 93, IX, da Constituição Federal. (STF-AI-AgR-436.911/SE, rel. Min. Sepúlveda Pertence, 1ª Turma, DJ 17.6.2005)

> EMBARGOS DE DECLARAÇÃO RECEBIDOS COMO AGRAVO REGIMENTAL. INTEMPESTIVIDADE DO RECURSO EXTRAORDINÁRIO. O recurso extraordinário é intempestivo, porquanto interposto antes da publicação do acórdão dos embargos de declaração. O entendimento desta Corte é no sentido de que o prazo para interposição de recurso se inicia com a publicação, no órgão oficial, da decisão impugnada. Agravo regimental a que se nega provimento. (AI-ED 405357/SP, rel. Min. Joaquim Barbosa, DJ 4.11.2005)

O recurso extraordinário, assim como qualquer outro recurso, possui seus requisitos, merecendo total atenção a chamada repercussão geral, inovação trazida pela EC n. 45/04, através da introdução do § 3º do art. 102 da Constituição.

Arruda Alvim afirma que "a expressão 'repercussão geral' significa praticamente a colocação de um filtro ou de um divisor de águas em relação ao cabimento do recurso extraordinário (...)". (*EC n. 45 e o Instituto da Repercussão Geral*, p. 64, Reforma do Judiciário, São Paulo, RT, 2005, Coordenação: Teresa Arruda Alvim Wambier).

Assim entendemos como repercussão geral algo que é de interesse geral, ou seja, interesse público e não somente dos envolvidos naquele litígio, como é o caso da transcendência do recurso de revista.

Sergio Bermudes comenta: "o § 3º do art. 102 criou mais um pressuposto de admissibilidade do recurso extraordinário: a repercussão geral das questões constitucionais discutidas no caso, cabendo à lei estruturar o modo de demonstração desse requisito" (*A reforma do judiciário pela Emenda Constitucional n. 45*, Rio de Janeiro: Forense, 2005. p. 56).

Por fim, o presente recurso extraordinário visa proteger a Constituição Federal, sendo interposto perante o juízo prolator da decisão, no caso o TST e suas razões devem ser encaminhadas ao Excelso STF, pois é ele o guardião da Constituição.

Embargos de declaração

Os embargos declaratórios eram baseados unicamente no Código de Processo Civil, pois a CLT prevê que nos casos omissos, será subsidiária a lei processual comum.

Contudo, com a vigência da Lei n. 9.957/00, que criou o rito sumaríssimo, introduziu à CLT o art. 897-A, que passou a prever expressamente os embargos declaratórios; ocorre que, muitas vezes, ainda, é preciso ser usado subsidiariamente o código.

O art. 897-A menciona que os embargos declaratórios caberão da sentença (decisão de primeiro grau) ou acórdão (julgamento feito pelos Tribunais).

É competente para julgar os embargos de declaração o Juízo que proferiu a decisão embargada, tanto no caso de sentença como acórdão, ressaltando que não cabem embargos de simples despachos interlocutórios do juiz.

Serão opostos no prazo de 5 (cinco) dias, das sentenças ou acórdãos, nos casos de obscuridade, contradição, omissão e manifesto equívoco no exame dos pressupostos extrínsecos do recurso.

Os embargos declaratórios interrompem o prazo para outros recursos, para ambos os litigantes, ou seja, começará a contar novamente o prazo para interposição de novo recurso somente após a publicação da decisão dos embargos de declaração.

> **EMENTA:** RECURSO ORDINÁRIO. EMBARGOS DE DECLARAÇÃO. INTERRUPÇÃO DOS PRAZOS PARA AMBAS AS PARTES. Dispõe o art. 1.026 do CPC que os embargos de declaração interrompem o prazo para a interposição de outro recurso, por qualquer das partes. O dispositivo deixa claro que a interrupção beneficia qualquer das partes do processo e não somente o embargante. (TRT/SP – Acórdão: 20080645369 – 11ª Turma – 5.8.2008 – Processo: 20080395486 – Rel. Carlos Francisco Berardo)

Devemos lembrar, também, na possibilidade do chamado efeito modificativo, quando nos embargos opostos pode se ocorrer omissão ou contradição no julgado, poderá a parte pleitear o efeito modificativo da decisão, conforme Súmula n. 278 do TST.

Ressaltando que a parte contrária somente será intimada para apresentar contrarrazões aos embargos de declaração se o juiz aceitar o efeito modificativo, caso contrário os embargos não possuem contrarrazões.

> **EMENTA:** Embargos de declaração com efeito modificativo. Não notificada à parte contrária. Nulidade. Orientação Jurisprudencial n. 142 da SDI do C TST. (TRT – 2ª Região – Acórdão: 20080921102 – 3ª Turma – 28.10.2008 – Processo: 20060629830 – Rel. Sergio J. B. Junqueira Machado)

> CONTRADIÇÃO. EFEITO MODIFICATIVO. Cabe acolher o efeito modificativo dos embargos de declaração, quando se constata a contradição entre os termos da fundamentação e aqueles do dispositivo, na forma do art. 897-A, da CLT. Aplicação da Súmula n. 278, do TST. (TRT – 2ª Região – Acórdão: 20080819804 – 3ª Turma – 30.9.2008 – Processo 20070764284 – Relª. Silvia Regina Pondé Galvão Devonald)

Manoel Antonio Teixeira Filho, *Sistema dos recursos trabalhistas*, ensina:

> "Em sentido estrito, os embargos de declaração constituem o meio específico que a lei põe ao alcance das partes sempre que desejar obter do órgão jurisdicional uma declaração com o objetivo de escoimar a sentença ou acórdão de certa falha de expressão formal que alegam existir. Pede-se, por intermédio desses embargos, que o julgador sane omissão, aclare obscuridade ou extirpe contraditoriedade. Daí o caráter acrisolador de que se revestem os embargos de declaração, cujo *nomen iuris* foi corretamente adotado, a despeito de certas divergências doutrinárias". Ao analisar as causas para a oponibilidade dos embargos, situa que: "... A finalidade dos embargos declaratórios, ante a contradição existente na sentença

ou no acórdão, é fazer com que o juízo prolator corrija essa incoerência do seu pronunciamento, de modo a torná-lo lógico, a harmonizar, entre si, as partes do provimento jurisdicional". No tocante à omissão, diz: "... capaz de propiciar o oferecimento de tais embargos deve ser relativa a pedido (ainda que inexpresso) ou a fato relevante; sendo assim, não constitui motivo legal para a oposição desses embargos a ausência de pronunciamento do juízo a respeito de fatos absolutamente irrelevantes para a causa (embora possam ser a ela pertinentes), ou de argumentos jurídicos utilizados pelas partes."

EMENTA: EMBARGOS DE DECLARAÇÃO. OMISSÃO, CONTRADIÇAO E OBSCURIDADE NÃO CONFIGURADA. Inexistindo vícios a serem sanados, a rejeição dos embargos constitui medida que se impõe. (TRT – 2ª Região – Acórdão: 20080975911 – 3ª Turma – 18.11.2008 – Processo: 20070707396 – Relª. Maria Doralice Novaes)

Desta feita, caso a parte deixe de se pronunciar em sede de embargos, não mais poderá fazê-lo, ocorrendo a preclusão do fato, pois o momento adequado é justamente na oposição de embargos de declaração, inteligência da Súmula n. 297, II, do TST.

"Súmula n. 297 – TST: II – Incumbe à parte interessada, desde que a matéria haja sido invocada no recurso principal, opor embargos declaratórios objetivando o pronunciamento sobre o tema, sob pena de preclusão."

RECURSO ORDINÁRIO (RITO SUMARÍSSIMO). MULTA. NÃO PRONUNCIAMENTO PELA R. SENTENÇA. AUSÊNCIA DE EMBARGOS DECLARATÓRIOS. PRECLUSÃO. Afigura-se preclusa a discussão em segundo grau, a respeito de matéria sobre a qual não houve pronunciamento na R. sentença, quando não utilizados os embargos para sanar omissão existente. Recurso ordinário a que não se nega provimento. (TRT – 2ª Região – Acórdão: 20060215865 – 11ª Turma – 18.4.2006 – Processo: 20060130630 – Rel. Carlos Francisco Berardo)

Ainda, caso a parte oponha embargos de declaração com o único intuito de procrastinar o feito e causar lentidão, ferindo o princípio da celeridade processual, poderá o Magistrado fixar-lhe uma multa.

EMENTA: EMBARGOS DE DECLARAÇÃO. INTENÇÃO PROTELATÓRIA. A reprovável conduta da parte embargante que pretende postergar a entrega da prestação jurisdicional definitiva opondo embargos de declaração protelatórios enseja a aplicação da pedagógica. A medida adotada faz-se necessária também em razão do princípio da celeridade alçado à condição de garantia constitucional (inciso LXXVIII do art. 5º da CF), o qual se dirige não só ao Poder Judiciário, mas também às próprias partes e seus advogados. (TRT – 2ª Região – Acórdão: 20080965134 – 12ª Turma – 14.11.2008 – Processo: 20070146556 – Rel. Marcelo Freire Gonçalves)

Cabe esclarecer ponto a ponto as hipóteses de cabimento dos embargos de declaração, vejamos:

A contradição, como o próprio nome diz, ocorre quando houver dois entendimentos diversos sobre um determinado fato existente entre a fundamentação e a conclusão da sentença ou acórdão.

Ainda, não há que se falar em contradição no momento em que o juiz examinar a prova dos autos com seu livre convencimento, como forma de decidir.

Portanto, é causa de contradição quando o juiz no primeiro momento concede o direito ao reclamante de perceber equiparação salarial, entretanto, depois afirma não ser devida a equiparação salarial, ficando nítida a contradição.

A omissão é um esquecimento, um deixar de fazer, ocorre quando o juiz ou o Tribunal deixa de apreciar e mencionar na conclusão sobre determinado fato que deveria constar.

Como exemplo, podemos dizer que a parte tenha pleiteado horas extras e insalubridade, contudo deixa de apreciar o pedido de horas extras, omitindo-se sobre esse certo ponto.

Nos casos de manifesto equívoco no exame dos pressupostos extrínsecos do recurso, ocorrerá em relação à deserção, intempestividade, falta de procuração conforme o caso e recolhimento de custas ou depósito prévio.

Sendo sempre relacionado com os pressupostos de admissibilidade do recurso que foi denegado.

Obscuro é o ato decisório ambíguo, capaz de propiciar diversas interpretações. É a falta de clareza nas ideias e nas expressões.

> "Ocorre obscuridade sempre que há falta de clareza na redação do julgado, tornando difícil dele ter-se a verdadeira inteligência ou exata interpretação. A figura da dúvida como causa justificadora para a oposição de embargos de declaração, foi eliminada pela Lei n. 8.950, de 13.12.1994, por se encontrar subsumida à da obscuridade." (SANTOS, Moacir Amaral. *Primeiras linhas de direito processual civil.* 3º vol. São Paulo: Saraiva, 1997)

> "Releva notar, ainda, que, em caso de obscuridade, contradição, dúvida ou omissão, a parte prejudicada que não lançar mão dos embargos de declaração, na oportunidade própria, não poderá vir a arguir aquelas irregularidades como causas de nulidade da sentença, embora a matéria a elas relativa possa ser denunciada no recurso próprio e apreciada pelo juízo *'ad quem'*." (ALMEIDA, Ísis de. *Manual de direito processual do trabalho.* vol. II. São Paulo: LTr, 1997)

Portanto, aqui ficam demonstradas todas as possibilidades de oposição dos embargos declaratórios.

7

Resumo Prático de Direito Processual do Trabalho

Direito processual do trabalho

Instituto de direito público que traz as regras básicas do procedimento de uma ação trabalhista. As regras de direito processual do trabalho devem ser determinadas pela União.

Reclamação Trabalhista

É a forma pela qual a parte tem de pleitear algo na Justiça. Existe um prazo para o ajuizamento da ação, cujo nome técnico é prescrição. O prazo para mover a ação é de 2 (dois) anos, contado da rescisão do contrato de trabalho e terá direito apenas aos últimos 5 (cinco) anos.

Procedimento ou Rito

Sumário (alçada), sumaríssimo ou ordinário.

SUMÁRIO	SUMARÍSSIMO	ORDINÁRIO
Para causas de até 2 (duas) vezes o salário mínimo.	Para causas de até 40 (quarenta) vezes o salário mínimo.	Para causas superiores a 40 (quarenta) vezes o salário mínimo.
EXCEÇÃO	EXCEÇÃO	REGRA

Decisões Interlocutórias

São decisões proferidas no curso do processo.

Audiência

Na área trabalhista é obrigatória. Vale ressaltar que para dissídios individuais a audiência somente ocorre na primeira instância.

Sentença

Põe fim ao processo julgando ou não o mérito (pedido). É uma decisão proferida por um único juiz, também conhecida como decisão monocrática, e o resultado poderá ser:

➢ Procedente – é aquela favorável ao autor;

➢ Improcedente – é aquela desfavorável ao autor;

➢ Extinção com resolução de mérito – é aquela decisão que aborda situações que envolvem prazo (prescrição). O empregado não poderá mover nova ação com os mesmos pedidos;

➢ Extinção sem resolução de mérito – sempre será cabível para erros processuais. Exemplo: petição inicial inepta (confusa).

Acórdão

É proferido em TRT ou TST – decisão do colegiado e só pode ser duas coisas:

➢ Conhecido / Não conhecido – o recurso respeitou ou não os requisitos objetivos legais (PPR) para sua interposição. Vale ressaltar que esses requisitos objetivos também são denominados pressupostos extrínsecos.

➢ Provido / Não provido – é a análise do teor do recurso. Vale ressaltar que o recurso só será ou não provido se antes ele for conhecido.

Observação: Todos os recursos têm que respeitar o PPR: Preparo; Prazo e Representação.

Partes

Quais são os envolvidos no processo.

Empregado

Pode labutar a partir dos 16 (dezesseis) anos. Para entrar com uma ação trabalhista só poderá a partir dos 18 (dezoito) anos de idade e contra eles não corre nenhum tipo de prescrição. Caso o empregado não tenha condições de comparecer em audiência, teremos as seguintes observações:

1. Se estiver fora do país, outro funcionário que exerceu sua função ou qualquer representante do sindicato poderá comparecer em audiência.

2. Se ele estiver acamado (doente), poderá comparecer em audiência os seus sucessores ou qualquer representante do sindicato.

3. Se falecer, comparecerão os sucessores ou o membro do MP, no caso da hipótese de herança jacente, em que não existem herdeiros.

Empregador

Também é chamado reclamada, executado, réu. Pode responder:

1. Solidariamente: Posso cobrar qualquer pessoa. Está ligado a Grupo Econômico ou pagamento de custas processuais.

2. Subsidiariamente: Cobro um que se não pagar cobro outro e assim sucessivamente. Está ligado à terceirização.

Preposto

É o representante da empresa nos atos processuais. É ele quem defende a empresa. Pode ser qualquer pessoa, desde que tenha conhecimento do fato.

Advogado (Súmula n. 425 do TST)

Via de regra, ele é dispensável. Quando o empregado entra com o processo sozinho estamos diante do *jus postulandi* (direito de postular). No entanto, de acordo com o entendimento majoritário, existem 4 (quatro) atos em que sua presença é obrigatória. São eles:

1. Ação rescisória;
2. Ação cautelar;
3. Mandado de segurança;
4. Recurso ao TST.

Importantíssimo destacar que a CLT também traz um caso em que a presença do advogado é obrigatória, qual seja: Homologação de acordos extrajudiciais (art. 855-B da CLT).

Atos Processuais

Exemplo disso é a intimação. Deverão ocorrer em dias úteis (de segunda a sábado – das 6h às 20h). Aos domingos somente poderão ser realizadas penhoras, com autorização expressa do juiz. Os atos processuais devem ser escritos a tinta, datilografado ou a carimbo. As anotações feitas em cotas marginais da petição serão riscadas pelo juiz e a parte será multada. Caso a parte se recuse a assinar, duas testemunhas deverão assinar por ela.

Prazos Processuais

É o tempo para a realização de um ato processual.

Recursos/Regras

São de 8 (oito) dias (octídio).

Exceção

➢ Embargos de declaração – 5 (cinco) dias (quinquídio).

➢ Recurso administrativo – 10 (dez) dias (Exemplo: empresa que recorre contra o recebimento de determinada multa).

- ➢ Recurso extraordinário – 15 (quinze) dias.

Entre a notificação da empresa e a audiência = prazo mínimo de 5 (cinco) dias, contados a partir do recebimento da intimação. O prazo para os correios devolverem a notificação para o fórum é de 48 (quarenta e oito) horas. A defesa trabalhista em audiência poderá ser verbal e o prazo será de 20 (vinte) minutos. As razões finais orais verbais = 10 (dez) minutos. Perícia no rito sumaríssimo será de 5 (cinco) dias. Liquidação de Sentença (situação no processo que visa atualizar os valores) = 8 (oito) dias.

O prazo deverá ser contado excluindo o dia no início e começando a contar no primeiro dia útil posterior. Os dias somente serão contados em dias úteis.

Prazos processuais, caso tenham vencimento em sábados, domingos ou feriados, prorrogam-se para o primeiro dia útil posterior. Prazos de Direito do Trabalho: Caso o contrato encerre o seu termo em sábado, domingo ou feriado, não poderá ser prorrogado. E, caso seja, transforma-se em prazo indeterminado.

Férias Forenses

Obrigatoriamente entre os dias 20 (vinte) de dezembro até o dia 20 (vinte) de janeiro, inclusive.

Distribuição

Somente ocorrerá essa hipótese caso exista mais de uma vara do trabalho na localidade. É uma segurança para os envolvidos, pois evita a escolha do juiz.

Custas

É o valor pago para recorrer ou ainda como forma de utilização do Poder Judiciário. A natureza das custas é tributária. Quem determina o valor das custas é a lei. As custas somente podem ser definidas em lei. Valor das custas em regra = 2%. Mínimo = R$ 10,64. Teto máximo = até 4 (quatro) vezes o limite máximo do regime geral da Previdência Social. Durante a fase de execução as custas sempre serão pagas ao final. É devida a justiça gratuita a aqueles que recebem salário igual ou menor que 40% do teto da previdência.

Emolumentos (art. 789-B)

Fotocópias. Não se confunde com custas.

Perícia (art. 790-B)

Deve ser paga pela parte sucumbente (perdedora). É possível o parcelamento para o perito. Somente será pago após o trânsito em julgado.

Dano Processual (art. 793-A)

Litigância de má-fé. Pretensão temerária. O juiz arbitrará uma multa superior a 1% (1,1%) e inferior a 10% (9,9%) do valor corrigido da causa. Quando forem dois ou mais litigantes que acarretaram prejuízo o juiz condenará cada qual em sua proporção.

Se o valor for inestimável ou irrisório, a multa pela litigância de má-fé poderá ser arbitrária em ATÉ 2 (DUAS) VEZES o teto máximo do regime da Previdência Social.

A litigância de má-fé é cabível também para a testemunha que, intencionalmente, alterou a verdade dos fatos ou mentiu.

Nulidade Processual

Somente existirá se houver prejuízo (transcendência). As nulidades deverão ser arguidas na primeira vez que falar nos autos. É chamada de Teoria da Convalidação. A nulidade poderá ser declarada de ofício quando fundada em incompetência de foro.

A nulidade não será pronunciada quando:

1. For possível suprir a falta ou repetir o ato. Exemplo: Testemunha drogada (Princípio da Economia Processual).

2. Arguida por quem lhe tiver dado causa.

3. A nulidade de determinado ato não prejudicará senão os posteriores que dele dependam (Princípio da utilidade).

Exceção (art. 800)

Havendo o ajuizamento da ação em outro local que não seja o competente, a reclamada (empresa), em até 5 (cinco) dias após a notificação, poderá apresentar a exceção de incompetência em razão do lugar, antes da audiência. Uma vez protocolada a petição, o processo será suspenso e não ocorrerá a audiência. O processo será imediatamente concluso ao juiz para que as partes se manifestem em 5 (cinco) dias (prazo comum). Caso seja necessária a realização de prova oral, as testemunhas serão ouvidas através de carta precatória. Decidida a exceção, o processo terá o seu devido andamento.

1. Linha do tempo

Tanto na 1ª Instância quanto na 2ª Instância, podem discutir fatos e provas.

Exemplos:

a) Contrato de trabalho.

b) Dano extrapatrimonial (moral).

c) Perícia.

d) Testemunha.

Nos Tribunais Superiores (TST/STF) só pode discutir direito, ou seja, que determinada decisão contraria determinado artigo de lei.

2. Atos que envolvem a primeira instância trabalhista

1º Ato – Reclamação trabalhista

Pedido

Por força da reforma trabalhista, o pedido deverá ser certo, determinado e com a indicação do valor.

Pedidos especiais na esfera trabalhista: Liminar e tutela provisória de urgência.

a) Reclamação trabalhista com liminar: Só existe em duas hipóteses: para reintegrar dirigente sindical; para suspender uma transferência abusiva.

b) Tutela provisória de urgência: Caberá para as seguintes situações: reintegrar qualquer empregado estável (menos o sindicalista que é por meio de liminar); para determinar o pagamento de algum valor que foi confessado, admitido. Exemplo: Empregador que envia *e-mail* ao empregado informando as horas extras devidas e que não serão pagas por insuficiência de caixa. Art. 659, incisos IX e X da CLT. Arts. 300 e 301 do CPC.

Local

Local de julgamento da ação: Via de regra, será o ultimo local da prestação do serviço.

Exceções

1. Se for agente ou viajante comercial, este deverá propor a ação no local em que a empresa tenha agência ou filial a que o empregado esteja subordinado.

2. Trabalho no exterior: Deverá mover a ação no Brasil, a não ser que haja convenção internacional em sentido contrário.

3. Empregador que exerça atividade fora do local de trabalho. Exemplo: Artista. Pode propor ação no foro da celebração do contrato ou, ainda, no local da prestação de serviço.

3. Ritos trabalhistas

SUMÁRIO / ALÇADA	SUMARÍSSIMO	ORDINÁRIO
Para causas de até 2 (duas) vezes o salário mínimo.	Para causas de até 40 (quarenta) vezes o salário mínimo.	Para causas superiores a 40 (quarenta) vezes o salário mínimo.
EXCEÇÃO	EXCEÇÃO	REGRA

2º Ato – Decisões interlocutórias (Súmula n. 214, TST)

Via de regra, não cabe recurso contra as decisões interlocutórias.

Exceto

1. Se for uma decisão abusiva, caberá mandado de segurança para o órgão imediatamente superior;

2. Se o juiz alterar o valor da causa, caberá pedido de revisão (se ocorrer em Rito de Alçada);

3. Caso seja proferido um acórdão no TRT que contrarie súmula ou OJ do TST, caberá agravo regimental;

4. Caso ocorra mudança do local do julgamento da ação, caberá recurso ordinário.

3º Ato – Notificação da empresa

Será feita a notificação da empresa que deverá ser devolvida em 48 (quarenta e oito) horas.

4º Ato – Audiência

Entre a notificação e a audiência deverá ter um prazo mínimo de 5 (cinco) dias.

1. Deverá ser feita a tentativa de acordo. O juiz não é obrigado a aceitar esse acordo;

2. Não havendo acordo, será recebida a defesa. Se for oral será de 20 (vinte) minutos.

3. As partes, testemunhas e peritos serão ouvidos;

4. Desaforamento: É quando o juiz muda o local de julgamento da ação para segurança das partes, as quais serão informadas no prazo de pelo menos 24 (vinte e quatro) horas;

5. A audiência será fracionada quantas vezes o juiz achar necessário;

6. É na audiência que se faz o levantamento das provas (art. 818 da CLC).

5º Ato – Razões finais

Se forem verbais, as razões finais terão prazo de 10 (dez) minutos.

6º Ato – Sentença (art. 851)

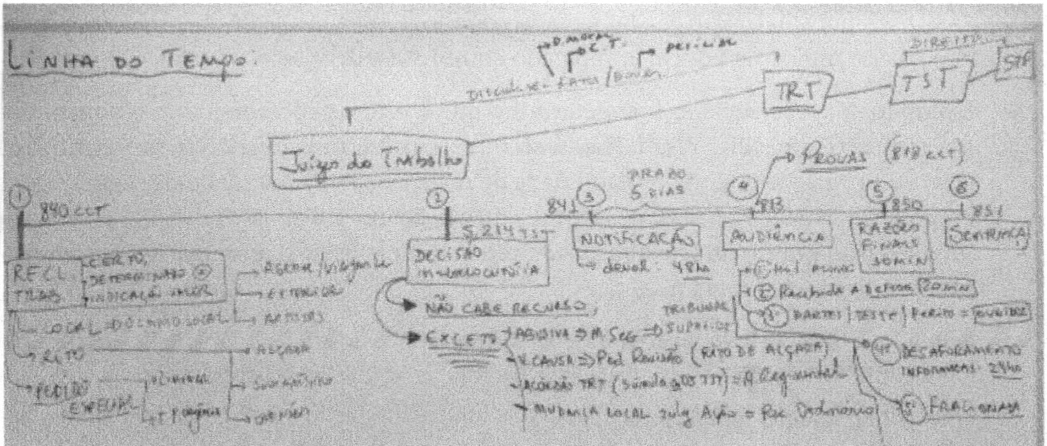

4. Provas

Art. 818. O ônus da prova incumbe:

1. Ao reclamante, quanto ao fato constitutivo de seu direito;

2. Ao reclamado, quanto à existência de fato impeditivo, modificativo ou extintivo do direito do reclamante.

Instituto jurídico que visa determinar um determinado ato. Destinatário da prova: Sempre será o juiz, pois é ele quem tem que ser convencido.

5. Ônus da prova

Fato constitutivo: É provado pelo autor. Ex.: Vínculo empregatício.

Fatos MEI: São sempre provados pelo réu.

1. Modificativo: Sempre está ligado a comissões.

2. Extintivo: Sempre está ligado a pagamento já realizado. Ex.: Empregado doméstico que alega nunca ter recebido salário.

3. Impeditivo: Sempre está ligado ao termo justa causa.

Observação: Discussões em grupos sempre geram o dano extrapatrimonial.

Esquematizando

6. Distribuição dinâmica do ônus da prova

§ 1º Nos casos previstos em lei ou diante de peculiaridades da causa relacionadas à impossibilidade ou à excessiva dificuldade de cumprir o encargo nos termos deste artigo ou à maior facilidade de obtenção da prova do fato contrário, poderá o juízo atribuir o ônus da prova de modo diverso, desde que o faça por decisão fundamentada, caso em que deverá dar à parte a oportunidade de se desincumbir do ônus que lhe foi atribuído.

O juiz sempre em decisão fundamentada poderá alterar a forma de obtenção das provas, pedindo, por exemplo, para que o empregado comprove a demissão.

Exemplo: Na audiência, o juiz determina que o empregado comprove o pagamento em dinheiro que a empresa fazia. Caso o juiz profira uma decisão nesse sentido, ou seja, que a parte não tenha possibilidade de realizar, caberá mandado de segurança no prazo decadencial de 120 dias. Estamos diante de um ato abusivo do juiz, ou seja, de uma decisão interlocutória abusiva cujo recurso cabível é o mandado de segurança. É o que dispõe a Súmula n. 214 do TST:

Súmula n. 214 do TST. Na Justiça do Trabalho, nos termos do art. 893, § 1º, da CLT, as decisões interlocutórias não ensejam recurso imediato, SALVO nas hipóteses de decisão:

a) De TRT contrária à Súmula ou OJ do TST;

b) Suscetível de impugnação mediante recurso para o mesmo Tribunal;

c) Que acolhe exceção de incompetência territorial, com a remessa dos autos para Tribunal Regional distinto daquele a que se vincula o juízo excepcionado, consoante o disposto no art. 799, § 2º, da CLT.

§ 2º A decisão referida no § 1º deste artigo deverá ser proferida antes da abertura da instrução e, a requerimento da parte, implicará o adiamento da audiência e possibilitará provar os fatos por qualquer meio em direito admitido.

Linha do Tempo

1º Reclamação trabalhista;

2º Notificação;

3º Audiência de defesa (Inicial) – é nesta audiência que o juiz pergunta se há a possibilidade de acordo. Não havendo acordo, marca-se a audiência de instrução;

4º Audiência de instrução – serão ouvidos, na ordem a seguir:

a) Reclamante;

b) Reclamado (preposto);

c) Testemunhas;

d) Peritos.

Assim, a decisão de inverter o ônus da prova deverá ser proferida antes da abertura da instrução acima.

§ 3º A decisão referida no § 1º deste artigo não pode gerar situação em que a desincumbência do encargo pela parte seja impossível ou excessivamente difícil.

Art. 819. O depoimento das partes e testemunhas que não souberem falar a língua nacional será feito por meio de INTÉRPRETE nomeado pelo juiz ou presidente.

Intérprete: Está ligado à fala. É aquele que faz a tradução da voz.

Tradutor: É quem traduz documentos (tradutor juramentado).

§ 1º Proceder-se-á da forma indicada neste artigo, quando se tratar de surdo-mudo, ou de mudo que não saiba escrever.

§ 2º As despesas decorrentes do disposto neste artigo correrão por conta da parte sucumbente, salvo se beneficiária de justiça gratuita. (Redação dada pela Lei n. 13.660, de 2018)

Art. 820. As partes e testemunhas serão inquiridas pelo juiz ou presidente, podendo ser reinquiridas, por seu intermédio, a requerimento dos vogais, das partes, seus representantes ou advogados.

Testemunha: É aquele que vivenciou o fato. Testemunha que falta com a verdade, consequências:

1. Aplicação da multa de litigância de má-fé, que é superior a 1% e inferior a 10%;

2. O juiz intimará o MPT para ajuizamento de ação de crime de falso testemunho (crime federal).

SÚMULA N. 357 DO TST. Não torna suspeita a testemunha o simples fato de estar litigando ou de ter litigado contra o mesmo empregador. Só será suspeita se for amiga ou inimiga das partes. Assim, não se configura troca de favores.

Art. 821. Cada uma das partes não poderá indicar mais de 3 (três) testemunhas, salvo quando se tratar de inquérito, caso em que esse número poderá ser elevado a 6 (seis).

O número de testemunhas não irá aumentar em virtude da quantidade de autores ou réus.

NÚMERO DE TESTEMUNHAS			
RITO ORDINÁRIO	**RITO DE ALÇADA**	**INQUÉRITO**	**SUMARÍSSIMO**
ATÉ 3 (três) TESTEMUNHAS	ATÉ 3 (três) TESTEMUNHAS	ATÉ 6 (seis) TESTEMUNHAS	ATÉ 2 (duas) TESTEMUNHAS Cabível a "carta convite"

Art. 822. As testemunhas não poderão sofrer qualquer desconto pelas faltas ao serviço, ocasionadas pelo seu comparecimento para depor, QUANDO devidamente arroladas ou convocadas.

Testemunha arrolada é aquela em que o autor ou réu incluiu no processo. Testemunha convocada é aquela que é intimada pelo juízo. Este artigo nada fala sobre descontos na folha de pagamento de um informante. Cuidado com isso! A carta convite somente será obrigatória se for o rito sumaríssimo, que são aquelas cabíveis nas causas de até 40 (quarenta) vezes o salário mínimo.

Art. 823. Se a testemunha for funcionário civil ou militar, e tiver de depor em hora de serviço, será requisitada ao chefe da repartição para comparecer à audiência marcada.

Só precisa requisitar ao chefe da repartição se for à hora de serviço, cuidado!

Caso o depoimento não seja em hora de serviço do funcionário civil ou militar, não haverá a necessidade de requisição ao chefe.

Art. 824. O juiz ou presidente providenciará para que o depoimento de uma testemunha não seja ouvido pelas demais que tenham de depor no processo.

Uma vez que uma testemunha ouve o depoimento de outra, o processo será considerado nulo, conforme art. 794.

Art. 794. Nos processos sujeitos à apreciação da Justiça do Trabalho só haverá nulidade quando resultar dos atos inquinados manifesto prejuízo às partes litigantes.

Art. 825. As testemunhas comparecerão a audiência independentemente de notificação ou intimação.

Parágrafo único. As que não comparecerem serão intimados, *ex-officio* ou a requerimento da parte, ficando sujeitas a condução coercitiva, além das penalidades do art. 730, caso, sem motivo justificado, não atendam à intimação.

Nenhuma testemunha precisa de intimação para comparecimento ao fórum, porém, uma vez intimada, é obrigada a comparecer. Se não comparecer, sofrerá as seguintes consequências:

1. Condução coercitiva;
2. Aplicação de uma multa a critério do juiz.

Art. 826. É facultado a cada uma das partes apresentarem um perito ou técnico.

Prova pericial: ocorre quando o juiz tem dúvidas acerca de um determinado assunto.

Exemplos: é obrigatória em caso de insalubridade, periculosidade ou acidente de trabalho. Os honorários do perito podem ser parcelados.

PERITO	ASSISTENTE TÉCNICO
Nomeado pelo JUIZ	São chamados pelas PARTES
Quem paga é a parte sucumbente	Quem remunera é a parte que chamou
Deve ser IMPARCIAL	Será PARCIAL

Art. 827. O juiz ou presidente poderá arguir os peritos compromissados ou os técnicos, e rubricará, para ser junto ao processo, o laudo que os primeiros tiverem apresentado.

Art. 828. Toda testemunha, antes de prestar o compromisso legal, será qualificada, indicando o nome, nacionalidade, profissão, idade, residência, e, quando empregada, o tempo de serviço prestado ao empregador, ficando sujeita, em caso de falsidade, às leis penais.

Parágrafo único. Os depoimentos das testemunhas serão resumidos, por ocasião da audiência, pelo secretário da Junta ou funcionário para esse fim designado, devendo a súmula ser assinada pelo Presidente do Tribunal e pelos depoentes.

O depoimento da testemunha será resumido a critério do magistrado.

Art. 829. A testemunha que for parente até o 3º GRAU civil, amigo íntimo ou inimigo de qualquer das partes, não prestará compromisso, e seu depoimento valerá como simples informação.

A testemunha quando muda o teor dos fatos irá responder com multa, já o informante, conforme art. 829, não terá nenhum tipo de punição. A testemunha pode ser amigo, pois a lei restringe apenas os amigos considerados íntimos.

Cuidado, pois qualquer inimigo é considerado suspeito, diferentemente do processo penal, que fala em inimigo capital.

Observação: Testemunha prescrita é aquela que é ouvida depois da audiência de instrução, mas como informante. É considerada uma nova prova, ou seja, prova superveniente.

Art. 830. O documento em cópia oferecido para prova poderá ser declarado autêntico pelo próprio advogado, sob sua responsabilidade pessoal.

Parágrafo único. Impugnada a autenticidade da cópia, a parte que a produziu será intimada para apresentar cópias devidamente autenticadas ou o original, cabendo ao serventuário competente proceder à conferência e certificar a conformidade entre esses documentos.

Momento da juntada de documentos será na: Reclamação trabalhista; ou Contestação. O documento poderá ser autenticado pelo advogado, mas apenas em processos judiciais e não extrajudiciais.

Exceção

Exceção — apenas no "processo". Abrange: Local, competência e pessoas.

EXCEÇÃO	
ABSOLUTA	**RELATIVA**
Trata de matéria de ordem pública.	
É aquela que é notória a todos.	
Pode ser arguida em qualquer tempo e em qualquer instância.	
Exemplo: Todas as matérias elencadas no art. 5º da CF.	
Pode ser: Funcional: É aquela em que não existe o respeito à instância. Exemplo: Dissídio coletivo que deveria ser instaurado no TRT2 e foi instaurado no TST. Em razão da matéria: sempre deverá ser arguido quando o pedido não se pautar em tema trabalhista.	Pode ser: Funcional: Ocorre quando não é respeitada a entrância. Exemplo: O processo era para ser proposto em SP e foi proposto no RJ. Em razão da matéria

Instância: Ocorre quando existem hierarquias que deverão ser respeitadas. Exemplo: VT/TRT/TST.

Entrância: São órgãos de mesma hierarquia. Exemplo: Várias Varas do Trabalho.

Art. 799. Nas causas da jurisdição da Justiça do Trabalho, somente podem ser opostas, com suspensão do feito, as exceções de suspeição ou incompetência.

§ 1º As demais exceções serão alegadas como matéria de defesa.

§ 2º Das decisões sobre exceções de suspeição e incompetência, salvo, quanto a estas, se terminativas do feito, não caberá recurso, podendo, no entanto, as partes alegá-las novamente no recurso que couber da decisão final.

7. Exceção de incompetência relativa em razão do lugar

Art. 800. Apresentada exceção de incompetência territorial no prazo de 5 (cinco) DIAS a contar da notificação, antes da audiência e em peça que sinalize a existência desta exceção, seguir-se-á o procedimento estabelecido neste artigo.

§ 1º Protocolada a petição, será suspenso o processo e não se realizará a audiência a que se refere o art. 843 desta Consolidação até que se decida a exceção.

§ 2º Os autos serão imediatamente conclusos ao juiz, que intimará o RECLAMANTE e, se existentes, os litisconsortes, para manifestação no prazo comum de 5 (cinco) DIAS.

§ 3º Se entender necessária a produção de prova oral, o juízo designará audiência, garantindo o direito de o excipiente e de suas testemunhas serem ouvidos, por carta precatória, no juízo que este houver indicado como competente.

§ 4º Decidida a exceção de incompetência territorial, o processo retomará seu curso, com a designação de audiência, a apresentação de defesa e a instrução processual perante o juízo competente.

Trata-se de exceção de incompetência relativa em razão do lugar *ratione loci*. Uma vez que a empresa seja comunicada, terá um prazo de 5 (cinco) dias (úteis) antes da audiência. Uma vez protocolada a petição, o processo será suspenso e não ocorrerá a audiência. O simples fato de protocolar a petição já se suspende o processo. A exceção relativa, se não alegada na primeira vez nos autos, o local será competente! Quem entra com esse tipo de reclamação é a empresa (reclamada).

O reclamante é quem ingressou com a reclamação trabalhista no lugar errado, o qual terá prazo de 5 (cinco) dias para se manifestar. Em suma, o prazo para o empregado se manifestar após a apresentação da exceção será de até 5 (cinco) dias.

Atenção ao § 3º

Excipiente: É aquele que move a exceção (réu/empresa/reclamada).

Excepto: É o autor (empregado/reclamante).

Pode o juiz expedir uma carta precatória para que sejam ouvidas testemunhas, assim como o excipiente (empresa) que é aquele que propôs a exceção. Julgada a exceção, o processo terá o seu devido prosseguimento.

Art. 801. O juiz, presidente ou vogal, é obrigado a dar-se por suspeito, e pode ser recusado, por algum dos seguintes motivos, em relação à pessoa dos litigantes:

a) Inimizade pessoal;

b) Amizade íntima;

c) Parentesco por consanguinidade ou afinidade até o terceiro grau civil;

d) Interesse particular na causa.

Parágrafo único. Se o recusante houver praticado algum ato pelo qual haja consentido na pessoa do juiz, não mais poderá alegar exceção de suspeição, salvo sobrevindo novo motivo. A suspeição não será também admitida, se do processo constar que o recusante deixou de alegá-la anteriormente, quando já a conhecia, ou que, depois de conhecida, aceitou o juiz recusado ou, finalmente, se procurou de propósito o motivo de que ela se originou.

Art. 802. Apresentada a exceção de suspeição, o juiz ou Tribunal designará audiência dentro de 48 (quarenta e oito) horas, para instrução e julgamento da exceção.

§ 1º Nas Juntas de Conciliação e Julgamento e nos Tribunais Regionais, julgada procedente a exceção de suspeição, será logo convocado para a mesma audiência ou sessão, ou para a seguinte, o suplente do membro suspeito, o qual continuará a funcionar no feito até decisão final. Proceder-se-á da mesma maneira quando algum dos membros se declarar suspeito.

§ 2º Se se tratar de suspeição de Juiz de Direito, será este substituído na forma da organização judiciária local.

8. Das custas e emolumentos

8.1. Custas

- São de Natureza Tributária;
- São da União;
- São pagas pela guia GRU;
- Base = em regra: 2% sob o valor da sentença;
- Valor mínimo: R$ 10,64;
- Valor máximo: 4 (quatro) vezes o limite máximo dos benefícios do Regime Geral de Previdência Social.

9. Despesa em prova

Não havendo acerto sobre as custas no acordo, estas deverão ser dividas entre empregado e empresa (1% para cada).

Valor da causa é o valor de todos os pedidos que foram formulados na reclamação trabalhista, pois esta deverá ter seu pedido certo, determinado e com o valor dos pedidos (Rito Ordinário n. 840, § 1º).

Observação: Se for ao rito sumaríssimo, o pedido deverá ser certo OU determinado, com indicação do valor da causa (art. 852-B, I).

Art. 789. Nos dissídios individuais e nos dissídios coletivos do trabalho, nas ações e procedimentos de competência da Justiça do Trabalho, bem como nas demandas propostas perante a Justiça

Estadual, no exercício da jurisdição trabalhista, as custas relativas ao processo de conhecimento incidirão à base de 2%, observado o mínimo de R$ 10,64 e o máximo de quatro vezes o limite máximo dos benefícios do Regime Geral de Previdência Social, e serão calculadas:

I – Quando houver acordo ou condenação, sobre o respectivo valor;

II – Quando houver extinção do processo, sem julgamento do mérito, ou julgado totalmente improcedente o pedido, sobre o valor da causa;

III – No caso de procedência do pedido formulado em ação declaratória e em ação constitutiva, sobre o valor da causa;

Em ação declaratória ou em ação constitutiva não há valores, há apenas pedidos.

Exemplos: Ação declaratória = vínculo empregatício; Ação constitutiva = funcionário que é demitido e fica em frente da empresa fazendo algazarra.

IV – Quando o valor for indeterminado, sobre o que o juiz fixar.

§ 1º As custas serão pagas pelo vencido, após o trânsito em julgado da decisão. No caso de recurso, as custas serão pagas e comprovado o recolhimento dentro do prazo recursal.

§ 2º Não sendo líquida a condenação, o juízo arbitrar-lhe-á o valor e fixará o montante das custas processuais.

§ 3º Sempre que houver acordo, se de outra forma não for convencionado, o pagamento das custas caberá em partes iguais aos litigantes.

§ 4º Nos dissídios coletivos, as partes vencidas responderão solidariamente pelo pagamento das custas, calculadas sobre o valor arbitrado na decisão, ou pelo Presidente do Tribunal.

Quando a ação for proposta por sindicato ou até mesmo pela empresa e envolver toda a categoria, as custas deverão ser pagas de forma SOLIDÁRIA entre os envolvidos.

Art. 789-A. No processo de execução são devidas custas, sempre de responsabilidade do executado e pagas ao final, de conformidade com a seguinte tabela:

I – Autos de arrematação, de adjudicação e de remição: 5% sobre o respectivo valor, até o máximo de R$ 1.915,38;

II – Atos dos oficiais de justiça, por diligência certificada:

a) Em zona urbana: R$ 11,06;

b) Em zona rural: R$ 22,13;

III – Agravo de instrumento: R$ 44,26;

IV – Agravo de petição: R$ 44,26;

V – Embargos à execução, embargos de terceiro e embargos à arrematação: R$ 44,26;

VI – Recurso de revista: R$ 55,35;

VII – Impugnação à sentença de liquidação: R$ 55,35;

VIII – Despesa de armazenagem em depósito judicial – por dia: 0,1% do valor da avaliação;

IX – Cálculos de liquidação realizados pelo contador do juízo – sobre o valor liquidado: 0,5% até o limite de R$ 638,46.

As custas na execução sempre serão pagas ao final (depois do trânsito em julgado). Sempre pelo executado (réu/empresa). Importante salientar que tanto empregador quanto empregado podem ser executados.

ATENÇÃO!

Uma vez que o empregado é intimado durante a fase de execução, e não realiza o ato que foi pedido pelo juiz, ocorrerá a prescrição intercorrente. É o que dispõe o art. 11-A da CLT:

Art. 11-A. Ocorre a prescrição intercorrente no processo do trabalho no prazo de 2 (dois) ANOS.

IMPORTANTE:

Diante de uma reclamação trabalhista temerária, ou seja, aquela em que o empregado entra a fim de ganhar um dinheirinho fácil, este ficará sujeito a pagar:

- Custas = 2%;
- Honorários do sucumbente = 5% a 15%;
- Perito (juiz fixa);
- Litigância de má fé = superior a 1% e inferior a 10%.

Emolumentos: São documentos.

Art. 789-B. Os EMOLUMENTOS serão suportados pelo REQUERENTE, nos valores fixados na seguinte tabela:

I – Autenticação de traslado de peças mediante cópia reprográfica apresentada pelas partes – por folha: R$ 0,55;

II – Fotocópia de peças – por folha: R$ 0,28;

III – Autenticação de peças – por folha: R$ 0,55;

IV – Cartas de sentença, de adjudicação, de remição e de arrematação – por folha: R$ 0,55;

V – Certidões – por folha: R$ 5,53.

Justiça Gratuita

Art. 790. Nas Varas do Trabalho, nos Juízos de Direito, nos Tribunais e no Tribunal Superior do Trabalho, a forma de pagamento das custas e emolumentos obedecerá às instruções que serão expedidas pelo Tribunal Superior do Trabalho.

§ 1º Tratando-se de empregado que não tenha obtido o benefício da justiça gratuita, ou isenção de custas, o sindicato que houver intervindo no processo responderá solidariamente pelo pagamento das custas devidas.

§ 2º No caso de não pagamento das custas, far-se-á execução da respectiva importância, segundo o procedimento estabelecido no Capítulo V deste Título.

§ 3º É FACULTADO aos juízes, órgãos julgadores e presidentes dos tribunais do trabalho de qualquer instância conceder, a requerimento ou de ofício, o benefício da justiça gratuita, inclusive quanto a traslados e instrumentos, àqueles que perceberem salário igual ou inferior a 40% do limite máximo dos benefícios do Regime Geral de Previdência Social.

§ 4º O benefício da justiça gratuita será concedido à parte que comprovar insuficiência de recursos para o pagamento das custas do processo.

A gratuidade da justiça será concedida ao empregado que receber salário igual ou inferior a 40% do teto máximo do INSS.

Caso a questão use o termo "parte", a isenção será apenas das custas.

A palavra "imunidade" não cabe dentro do Direito Processual do Trabalho. Portanto, se uma das alternativas de determinada questão vier substituindo a palavra "isenção" por "imunidade" sem dúvida estará incorreta.

Art. 790-A. São isentos do pagamento de custas, além dos beneficiários de justiça gratuita:

I – A União, os Estados, o Distrito Federal, os Municípios e respectivas autarquias e fundações públicas federais, estaduais ou municipais que não explorem atividade econômica;

II – O Ministério Público do Trabalho.

Parágrafo único. A isenção prevista neste artigo não alcança as entidades fiscalizadoras do exercício profissional, nem exime as pessoas jurídicas referidas no inciso I da obrigação de reembolsar as despesas judiciais realizadas pela parte vencedora.

Art. 790-B. A responsabilidade pelo pagamento dos honorários periciais é da parte sucumbente na pretensão objeto da perícia, ainda que beneficiária da justiça gratuita.

§ 1º Ao fixar o valor dos honorários periciais, o juízo deverá respeitar o limite máximo estabelecido pelo Conselho Superior da Justiça do Trabalho.

§ 2º O juízo poderá deferir parcelamento dos honorários periciais.

§ 3º O juízo não poderá exigir adiantamento de valores para realização de perícias.

§ 4º Somente no caso em que o beneficiário da justiça gratuita não tenha obtido em juízo créditos capazes de suportar a despesa referida no *caput*, ainda que em outro processo, a União responderá pelo encargo.

10. Responsabilidade por dano processual

É qualquer situação que exista má-fé de qualquer uma das partes no processo.

Art. 793-A. Responde por perdas e danos aquele que litigar de má-fé como reclamante, reclamado ou interveniente.

O advogado não responde por perdas e danos.

Art. 793-B. Considera-se litigante de má-fé aquele que:

I – Deduzir pretensão ou defesa contra texto expresso de lei ou fato incontroverso;

II – Alterar a verdade dos fatos; (mentir)

III – Usar do processo para conseguir objetivo ilegal;

IV – Opuser resistência injustificada ao andamento do processo;

V – Proceder de modo temerário em qualquer incidente ou ato do processo; (não se preocupa com as consequências)

VI – Provocar incidente manifestamente infundado; (entrar com pedido sem base legal)

VII – Interpuser recurso com intuito manifestamente protelatório.

Art. 793-C. De ofício ou a requerimento, o juízo condenará o litigante de má-fé a pagar multa, que deverá ser superior a 1% e inferior a 10% do valor corrigido da causa, a indenizar a parte contrária pelos prejuízos que esta sofreu e a arcar com os honorários advocatícios e com todas as despesas que efetuou.

§ 1º Quando forem dois ou mais os litigantes de má-fé, o juízo condenará cada um na proporção de seu respectivo interesse na causa ou solidariamente aqueles que se coligaram para lesar a parte contrária.

§ 2º Quando o valor da causa for irrisório ou inestimável, a multa poderá ser fixada em até 2 (DUAS) VEZES o limite máximo dos benefícios do Regime Geral de Previdência Social.

§ 3º O valor da indenização será fixado pelo juízo ou, caso não seja possível mensurá-lo, liquidado por arbitramento OU pelo procedimento comum, nos próprios autos.

Caso a indenização não seja possível de se mensurar, o juiz nomeará um perito que, além de calcular os danos materiais, irá calcular o prejuízo total.

Art. 793-D. Aplica-se a multa prevista no art. 793-C desta Consolidação à testemunha que intencionalmente alterar a verdade dos fatos ou omitir fatos essenciais ao julgamento da causa.

Parágrafo único. A execução da multa prevista neste artigo dar-se-á nos mesmos autos.

11. Linha do tempo

11.1. Vara do trabalho

1. Reclamação trabalhista: Se julgada inepta, caberá recurso ordinário para o TRT;

2. Decisão interlocutória: Se abusiva, caberá mandado de segurança para o TRT;

3. Notificação;

4. Audiência (Defesa): Até a audiência de instrução poderá ser proposta ação cautelar de antecipação de provas;

5. Razões finais;

6. Sentença: Caberá recurso ordinário para o TRT. Curiosidade: E se o juiz não mandar esse recurso para o TRT? Caberá agravo de instrumento para o mesmo juiz, que será obrigado a remeter para a instância superior a ele.

Recurso Ordinário

1. Poderá ser provido (Acórdão): Do acórdão proferido no TRT que julgou o RO, caberá recurso de revista que irá para uma das turmas do TST;

2. Não foi conhecido no TRT: Se o RO não for conhecido no TRT, caberá agravo regimental.

Chegou ao TST

Turmas: Uma delas julgará o recurso de revista que foi conhecido no TRT. Se esse recurso de revista não for conhecido, caberá agravo regimental. No entanto, se for proferido um acórdão sobre esse recurso, caberá embargos de divergência para a SDI.

SDI: Julgará o acórdão proferido por uma das turmas do TST (Embargos de divergência). E se a SDI não conhecer esses embargos de divergência? O recurso cabível será o agravo regimental. Todavia, se desses Embargos de Divergência for proferido um acórdão, caberá recurso extraordinário para o STF.

Mantras: Recurso não conhecido = agravo regimental. Acórdão proferido = cuidado com os competentes para tal. Recurso não subiu? Não houve troca de instância? Quer destrancar o Recurso? Recurso de Viagra = Agravo de instrumento!

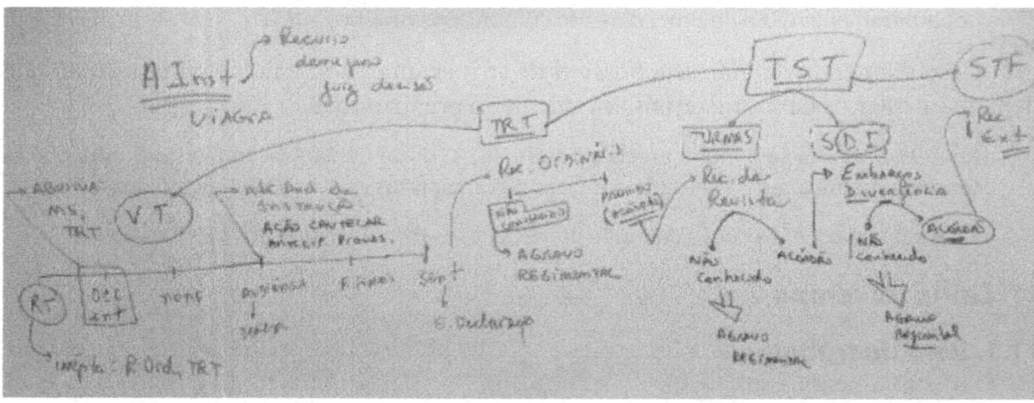

Principais pontos sobre

a) Recursos – 893 a 900 da CLT;

b) Execução – 876 a 892 da CLT;

c) Procedimentos Especiais – 853 a 709.

12. O que as questões mais abordam?

Diferença entre conhecido e provido:

RECURSOS NO PROCESSO DO TRABALHO		
RECURSO	**PRAZO**	**APLICAÇÃO**
Embargos de Declaração	5 (cinco) DIAS	No caso de decisões omissas, contraditórias ou obscuras.
Recurso Ordinário para o TRT	8 (oito) DIAS	Sentença proferida na Vara do Trabalho ou Vara Cível.
Recurso de Revista para uma das Turmas do TST	8 (oito) DIAS	Acórdão proferido no TRT

RECURSOS NO PROCESSO DO TRABALHO		
RECURSO	PRAZO	APLICAÇÃO
Embargos de Divergência para a SDI do TST	8 (oito) DIAS	Acórdão proferido na Turma do TST
Recurso Extraordinário para o STF (se a matéria for constitucional)	15 (quinze) DIAS	Acórdão proferido na SDI do TST
Agravo de Instrumento		Para recursos que foram denegados no juízo *a quo* (1ª Instância)
Agravo Regimental		Para recursos que foram denegados no juízo *a quem* (2ª Instância)
Mandado de Segurança	120 (cento e vinte) dias (decadencial)	Se o juiz alterar o valor da causa nos ritos Ordinário ou Sumaríssimo.
Pedido de Revisão	48 (quarenta e oito) horas	Se o juiz alterar o valor da causa no rito Sumário (Alçada).

13. Desconsideração da personalidade jurídica

É quando o sócio (pessoa física) responde pelo patrimônio da empresa.

Geralmente, é proferida por meio de uma decisão interlocutória.

Dessa decisão caberá recurso? Vejamos três situações:

1ª Fase de cognição/conhecimento: Não caberá recurso.

2ª Fase de execução: Caberá agravo de petição, independentemente de garantia do juízo.

3ª Pedido originariamente no Tribunal: Caberá agravo interno.

IMPORTANTE:

Se a desconsideração da personalidade jurídica for declarada na sentença, o recurso cabível é o recurso ordinário!

DICA:

Jus postulandi é a capacidade que as partes têm de propor ação sem a presença de advogado. No entanto, a presença dele é obrigatória nos seguintes casos:

a) Homologação de acordo extrajudicial (CLT);

b) Ação rescisória (TST);

c) Mandado de segurança (TST);

d) Ação cautelar (TST);

e) Recurso para o TST (TST);

f) Recurso Extraordinário para o STF.

14. Legislação sobre recursos

Art. 893. Das decisões são admissíveis os seguintes recursos:

I – Embargos; (são os embargos de divergência)

II – Recurso ordinário;

III – Recurso de revista;

IV – Agravo.

Pedido de revisão somente é cabível no Rito de Alçada (até 2 (duas) vezes o salário mínimo), sendo cabível quando o juiz alterar o valor da causa, no prazo de 48 (quarenta e oito) horas. Caso seja em qualquer outro rito a mudança do valor da causa, caberá mandado de segurança, no prazo decadencial de 120 (cento e vinte) dias.

§ 1º Os incidentes do processo são resolvidos pelo próprio Juízo ou Tribunal, admitindo-se a apreciação do merecimento das decisões interlocutórias somente em recursos da decisão definitiva.

As decisões interlocutórias, aquelas proferidas no curso do processo, não são passíveis de recurso, exceto nos casos previstos na Súmula n. 214, quais sejam:

1. Decisões interlocutórias proferidas no TRT que contrariam Súmula ou OJ do TST;

2. Quando for possível recurso no mesmo tribunal. Ex.: Agravo regimental;

3. A decisão que acolhe a exceção de incompetência territorial, com remessa para outro Tribunal. Ex.: Uma vez que o processo seja instaurado em local não competente, a empresa terá 5 (cinco) dias após a notificação para apresentar a sua exceção antes da audiência. Uma vez feito esse pedido, o processo ficará suspenso e a audiência não ocorrerá. O empregado é intimado para se manifestar em 5 (cinco) dias. E, caso testemunhas sejam ouvidas, será através de carta precatória. O juiz carioca poderá proferir as seguintes decisões:

1. Se encaminhar o processo para SP, caberá recurso ordinário para o TRT do RJ.

2. Se mantiver o processo no RJ, caberá mandado de segurança.

Súmula n. 214 do TST

Na Justiça do Trabalho, nos termos do art. 893, § 1º, da CLT, as decisões interlocutórias não ensejam recurso imediato, SALVO nas hipóteses de decisão:

a) De TRT contrária à Súmula ou OJ do TST;

b) Suscetível de impugnação mediante recurso para o mesmo Tribunal;

c) Que acolhe exceção de incompetência territorial, com a remessa dos autos para Tribunal Regional distinto daquele a que se vincula o juízo excepcionado, consoante o disposto no art. 799, § 2º, da CLT.

§ 2º A interposição de recurso para o Supremo Tribunal Federal não prejudicará a execução do julgado.

O recurso trabalhista só é recebido no efeito devolutivo, ou seja, poderá ser dado início à execução trabalhista.

Observação:

Agravo regimental: É cabível quando forem denegados.

a) Mandado de segurança (TRT ou TST);

b) Embargos de divergência (Turma ou SDI do TST);

c) Liminares nos Tribunais;

d) Embargos infringentes (na SDC do TST);

e) Correição parcial (no TRT ou TST);

f) Ação rescisória (nos Tribunais);

g) Recurso ordinário no TRT.

Art. 894. No Tribunal Superior do Trabalho cabem embargos, no prazo de 8 (oito) dias:

I – De decisão não unânime de julgamento que:

a) Conciliar, julgar ou homologar conciliação em dissídios coletivos que excedam a competência territorial dos Tribunais Regionais do Trabalho e estender ou rever as sentenças normativas do Tribunal Superior do Trabalho, nos casos previstos em lei;

II – Das decisões das Turmas que divergirem entre si ou das decisões proferidas pela Seção de Dissídios Individual, ou contrária à súmula ou orientação jurisprudencial do Tribunal Superior do Trabalho ou súmula vinculante do Supremo Tribunal Federal.

Somente caberão embargos de divergência se a decisão proferida na Turma do TST divergir, contrariar, decisões de outras Turmas ou de decisões da SDI.

15. Dissídio coletivo (art. 856, CLT)

Ação Constitutiva (não é condenatória)

Sua competência será do TRT (1 [um] Estado) ou TST (Vários Estados – Ex.: Greve dos caminhoneiros).

Exemplos: Greve abusiva, aumento salarial, melhorias no trabalho.

Legitimidade (Sempre)

a) Sindicato;

b) Empresa;

c) Ministério Público do Trabalho;

d) Presidente do Tribunal;

e) Empregado não!

Processamento

Dissídio coletivo protocolado no TRT: A primeira audiência deverá ocorrer em até 10 (dez) dias e será proferida uma sentença normativa (validade de até 4 [quatro] anos). Desta decisão, caberá recurso ordinário para o TST e, do julgamento desses, caberá recurso extraordinário para o STF.

Dissídio coletivo protocolado do TST: Obrigatoriamente será julgado na SDC. Se for uma decisão unanime, caberá recurso extraordinário para o STF. Se for uma decisão não unânime, caberão embargos infringentes para o próprio TST.

Caso as partes não obedeçam a uma sentença normativa, a resposta será ação de cumprimento (art. 872 da CLT), devendo ser proposta na Vara do Trabalho. Se o dissídio coletivo for instaurado no TST, cada Estado envolvido deverá entrar com uma ação de cumprimento.

ENTENDA

Para dissídio coletivo não existe Turmas ou SDI! Existe apenas SDC!

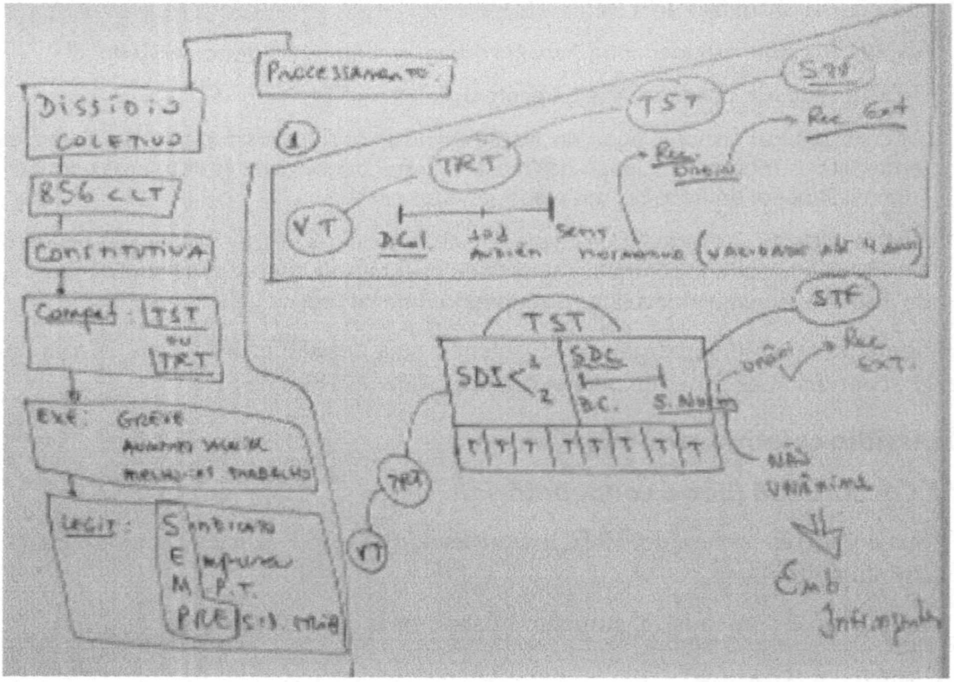

§ 2º A divergência apta a ensejar os embargos deve ser atual, não se considerando tal a ultrapassada por súmula do Tribunal Superior do Trabalho ou do Supremo Tribunal Federal, ou superada por iterativa e notória jurisprudência do Tribunal Superior do Trabalho.

§ 3º O Ministro RELATOR denegará seguimento aos embargos:

I – Se a decisão recorrida estiver em consonância com súmula da jurisprudência do Tribunal Superior do Trabalho ou do Supremo Tribunal Federal, ou com iterativa, notória e atual jurisprudência do Tribunal Superior do Trabalho, cumprindo-lhe indicá-la;

II – Nas hipóteses de intempestividade, deserção, irregularidade de representação ou de ausência de qualquer outro pressuposto extrínseco de admissibilidade.

O recurso sempre será denegado por um RELATOR; Os pressupostos extrínsecos do recurso são o PPR: Prazo; Preparo e Representação.

§ 4º Da decisão denegatória dos embargos caberá agravo, no prazo de 8 (OITO) DIAS.

Trata-se do agravo regimental, que é cabível no caso de "melecar":

Agravo regimental: É cabível quando forem denegados:

a) Mandado de segurança (TRT ou TST);

b) Embargos de divergência (Turma ou SDI do TST);

c) Liminares nos Tribunais;

d) Embargos infringentes (na SDC do TST);

e) Correição parcial (no TRT ou TST);

f) Ação rescisória (nos Tribunais);

g) Recurso ordinário no TRT.

Art. 895. Cabe RECURSO ORDINÁRIO para a instância superior:

I – Das decisões definitivas ou terminativas das Varas e Juízos, no prazo de 8 (oito) dias;

II – Das decisões definitivas ou terminativas dos Tribunais Regionais, em processos de sua competência originária, no prazo de 8 (oito) dias, quer nos dissídios individuais, quer nos dissídios coletivos.

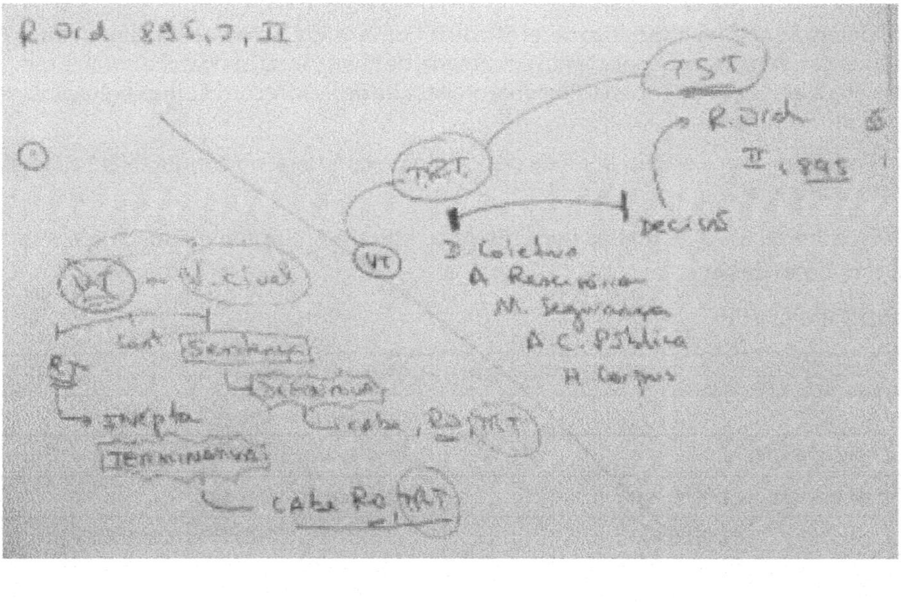

§ 1º Nas reclamações sujeitas ao procedimento sumaríssimo, o recurso ordinário:

I – (Vetado)

II – Será imediatamente distribuído, uma vez recebido no Tribunal, devendo o relator liberá-lo no prazo máximo de 10 (dez) dias, e a Secretaria do Tribunal ou Turma colocá-lo imediatamente em pauta para julgamento, sem revisor;

No RO de rito sumaríssimo as partes terão 8 (oito) dias para impetrar, mas o Relator do TRT terá prazo de 10 (dez) dias para liberá-lo;

III – Terá parecer oral do representante do Ministério Público presente à sessão de julgamento, se este entender necessário o parecer, com registro na certidão;

O parecer no rito sumaríssimo sempre será oral;

IV – Terá acórdão consistente unicamente na certidão de julgamento, com a indicação suficiente do processo e parte dispositiva, e das razões de decidir do voto prevalente. Se a sentença for confirmada pelos próprios fundamentos, a certidão de julgamento, registrando tal circunstância, servirá de acórdão.

A decisão que julga o RO no rito sumaríssimo será feita numa certidão de julgamento e servirá como acórdão.

§ 2º Os Tribunais Regionais, divididos em Turmas, poderão designar Turma para o julgamento dos recursos ordinários interpostos das sentenças prolatadas nas demandas sujeitas ao procedimento sumaríssimo.

Podem ter Turmas específicas no TRT para realizar o julgamento de recursos do rito sumaríssimo.

Art. 896. Cabe RECURSO DE REVISTA para Turma do TST das decisões proferidas em grau de recurso ordinário, em dissídio individual, pelos TRT's, quando:

a) Derem ao mesmo dispositivo de lei federal interpretação diversa da que lhe houver dado outro Tribunal Regional do Trabalho, no seu Pleno ou Turma, ou a Seção de Dissídios Individuais do Tribunal Superior do Trabalho, ou contrariarem súmula de jurisprudência uniforme dessa Corte ou súmula vinculante do Supremo Tribunal Federal;

b) Derem ao mesmo dispositivo de lei estadual, Convenção Coletiva de Trabalho, Acordo Coletivo, sentença normativa ou regulamento empresarial de observância obrigatória em área territorial que exceda a jurisdição do Tribunal Regional prolator da decisão recorrida, interpretação divergente, na forma da alínea *a*;

c) Proferidas com violação literal de disposição de lei federal ou afronta direta e literal à Constituição Federal.

Não cabe recurso de revista para dissídios coletivos; Somente após julgamento de RO caberá o recurso de revista.

IMPORTANTE:

RECURSO ORDINÁRIO FOI JULGADO NO TRT	
Por um Relator?	Por uma Turma (colegiado)?
Caberá Agravo Regimental.	Caberá Recurso de Revista.
Trata-se de decisão monocrática.	Trata-se de um acórdão.
CONHECIDO	**PROVIDO OU NÃO**

16. Requisitos que devem ser respeitados em relação ao recurso de revista

§ 1º O recurso de revista, dotado de efeito apenas devolutivo, será interposto perante o Presidente do TRT, que, por decisão fundamentada, poderá recebê-lo ou denegá-lo.

O recuso de revista deverá ser encaminhado para o Presidente do TRT, o qual poderá denegá-lo ou recebê-lo. O recurso de revista é interposto para o Presidente do TRT.

É julgado o recurso de revista no TST. Se o Presidente denegar o recurso de revista no TRT, caberá agravo de instrumento.

§ 1º-A. Sob pena de não conhecimento, é ônus da parte: (EM OUTRAS PALAVRAS, O RR SERÁ CONHECIDO QUANDO):

I – Indicar o trecho da decisão recorrida que consubstancia o prequestionamento da controvérsia objeto do recurso de revista;

II – Indicar, de forma explícita e fundamentada, contrariedade a dispositivo de lei, súmula ou orientação jurisprudencial do TST que conflite com a decisão regional;

III – Expor as razões do pedido de reforma, impugnando todos os fundamentos jurídicos da decisão recorrida, inclusive mediante demonstração analítica de cada dispositivo de lei, da Constituição Federal, de súmula ou orientação jurisprudencial cuja contrariedade aponte;

Demonstração analítica usa como fundamento a teoria de René Descartes, é o chamado método cartesiano, em que, trazendo para o direito, significa que a sentença deve ser atacada por partes e não de forma integral.

IV – Transcrever na peça recursal, no caso de suscitar preliminar de nulidade de julgado por negativa de prestação jurisdicional, o trecho dos embargos declaratórios em que foi pedido o pronunciamento do tribunal sobre questão veiculada no recurso ordinário e o trecho da decisão regional que rejeitou os embargos quanto ao pedido, para cotejo e verificação, de plano, da ocorrência da omissão.

Negativa de prestação jurisdicional nada mais é do que a omissão do Tribunal em resolver um determinado pedido, ou seja, situação em que o judiciário não decide o que eu pedi, ainda que se trate de pedido absurdo (Ex.: homem que pede licença gestante). Basta observar que, diante de uma omissão, o recuso cabível são os embargos de declaração.

§ 2º Das decisões proferidas pelos Tribunais Regionais do Trabalho ou por suas Turmas, em execução de sentença, inclusive em processo incidente de embargos de terceiro, NÃO CABERÁ Recurso de Revista, SALVO na hipótese de ofensa direta e literal de norma da Constituição Federal.

CABERÁ RECURSO DE REVISTA	
EM EXECUÇÃO DE SENTENÇA	**EM EXECUÇÃO FISCAL/CNDT**
Na hipótese de: 1. Ofensa direta e literal de norma da Constituição Federal.	Na hipótese de: 1. Ofensa à Constituição Federal; 2. Violação à lei federal; 3. Divergência jurisprudencial.

§ 7º A divergência apta a ensejar o recurso de revista deve ser atual, não se considerando como tal a ultrapassada por súmula do Tribunal Superior do Trabalho ou do Supremo Tribunal Federal, ou superada por iterativa e notória jurisprudência do Tribunal Superior do Trabalho.

§ 8º Quando o recurso fundar-se em dissenso de julgados incumbe ao recorrente o ônus de produzir prova da divergência jurisprudencial, mediante certidão, cópia ou citação do repositório de jurisprudência, oficial ou credenciado, inclusive em mídia eletrônica, em que houver sido publicada a decisão divergente, ou ainda pela reprodução de julgado disponível na internet, com indicação da respectiva fonte, mencionando, em qualquer caso, as circunstâncias que identifiquem ou assemelhem os casos confrontados.

17. Recurso de revista no rito sumaríssimo

§ 9º Nas causas sujeitas ao procedimento sumaríssimo, somente será admitido recurso de revista por contrariedade a súmula de jurisprudência uniforme do TST ou a súmula vinculante do Supremo Tribunal Federal e por violação direta da Constituição Federal.

18. RR — Rito sumaríssimo — É cabível

a) Contrariar Súmulas do TST;

b) Contrariar Súmulas Vinculantes do STF;

c) Violação Direta da CF;

d) Contrariar OJ/SDI – NÃO!

§ 10. Cabe recurso de revista por violação à lei federal, por divergência jurisprudencial e por ofensa à Constituição Federal nas execuções fiscais e nas controvérsias da fase de execução que envolvam a Certidão Negativa de Débitos Trabalhistas (CNDT), criada pela Lei n. 12.440, de 7.7.2011.

§ 11. Quando o recurso tempestivo contiver defeito formal que não se repute grave, o TST poderá desconsiderar o vício ou mandar saná-lo, julgando o mérito.

Defeitos formais são aqueles em que as partes cometeram algum erro ligado aos requisitos de admissibilidade como, por exemplo, falta de assinatura.

§ 12. Da decisão denegatória caberá agravo, no prazo de 8 (oito) dias.

§ 13. Dada a relevância da matéria, por iniciativa de um dos membros da Seção Especializada em Dissídios Individuais do Tribunal Superior do Trabalho, aprovada pela maioria dos integrantes da Seção, o julgamento a que se refere o § 3º poderá ser afeto ao Tribunal Pleno.

§ 14. O relator do recurso de revista poderá denegar-lhe seguimento, em decisão monocrática, nas hipóteses de:

1. Intempestividade (fora do prazo);
2. Deserção (não pagou as custas);
3. Irregularidade de representação (sem advogado);
4. Ausência de qualquer outro pressuposto extrínseco (PPR) ou intrínseco de admissibilidade.

PRESSUPOSTOS DE ADMISSIBILIDADE	
EXTRÍNSECOS	**INTRÍNSECOS**
Prazo	Sucumbência (Somente a parte perdedora pode recorrer)
Preparo	Elementos para mudança da decisão (tem ou não direito)
Representação	Legitimidade (Somente quem perdeu pode recorrer)

Art. 896-A. O TST, no recurso de revista, examinará previamente se a causa oferece transcendência com relação aos reflexos gerais de natureza econômica, política, social ou jurídica.

Somente o TST pode analisar os requisitos na transcendência em que nada mais é do que os motivos políticos, econômicos, sociais e jurídicos.

§ 1º São indicadores de transcendência, entre outros:

I – Econômica, o elevado valor da causa;

II – Política, o desrespeito da instância recorrida à jurisprudência sumulada do Tribunal Superior do Trabalho ou do Supremo Tribunal Federal;

III – Social, a postulação, por reclamante-recorrente, de direito social constitucionalmente assegurado;

O requisito social só é cabível ao reclamante, pois se trata de direitos sociais;

IV – Jurídica, a existência de questão nova em torno da interpretação da legislação trabalhista.

§ 2º Poderá o relator, monocraticamente, denegar seguimento ao recurso de revista que não demonstrar transcendência, cabendo agravo desta decisão para o colegiado.

§ 3º Em relação ao recurso que o relator considerou não ter transcendência, o recorrente poderá realizar sustentação oral sobre a questão da transcendência, durante cinco minutos em sessão.

§ 4º Mantido o voto do relator quanto à não transcendência do recurso, será lavrado acórdão com fundamentação sucinta, que constituirá decisão irrecorrível no âmbito do tribunal.

§ 5º É irrecorrível a decisão monocrática do relator que, em agravo de instrumento em recurso de revista, considerar ausente a transcendência da matéria.

§ 6º O juízo de admissibilidade do recurso de revista exercido pela Presidência dos Tribunais Regionais do Trabalho limita-se à análise dos pressupostos intrínsecos e extrínsecos do apelo, não abrangendo o critério da transcendência das questões nele veiculadas.

Art. 896-B. Aplicam-se ao recurso de revista, no que couber, as normas da Lei n. 5.869, de 11 de janeiro de 1973 (Código de Processo Civil), relativas ao julgamento dos recursos extraordinário e especial repetitivos.

Art. 896-C. Quando houver multiplicidade de recursos de revista fundados em idêntica questão de direito, a questão poderá ser afetada à Seção Especializada em Dissídios Individuais ou ao Tribunal Pleno, por decisão da maioria simples de seus membros, mediante requerimento de um dos Ministros que compõem a Seção Especializada, considerando a relevância da matéria ou a existência de entendimentos divergentes entre os Ministros dessa Seção ou das Turmas do Tribunal.

§ 1º O Presidente da Turma ou da Seção Especializada, por indicação dos relatores, afetará um ou mais recursos representativos da controvérsia para julgamento pela Seção Especializada em Dissídios Individuais ou pelo Tribunal Pleno, sob o rito dos recursos repetitivos.

§ 2º O Presidente da Turma ou da Seção Especializada que afetar processo para julgamento sob o rito dos recursos repetitivos deverá expedir comunicação aos demais Presidentes de Turma ou de Seção Especializada, que poderão afetar outros processos sobre a questão para julgamento conjunto, a fim de conferir ao órgão julgador visão global da questão.

§ 3º O Presidente do Tribunal Superior do Trabalho oficiará os Presidentes dos Tribunais Regionais do Trabalho para que suspendam os recursos interpostos em casos idênticos aos afetados como recursos repetitivos, até o pronunciamento definitivo do Tribunal Superior do Trabalho.

§ 4º Caberá ao Presidente do Tribunal de origem admitir um ou mais recursos representativos da controvérsia, os quais serão encaminhados ao Tribunal Superior do Trabalho, ficando suspensos os demais recursos de revista até o pronunciamento definitivo do Tribunal Superior do Trabalho.

§ 5º O relator no Tribunal Superior do Trabalho poderá determinar a suspensão dos recursos de revista ou de embargos que tenham como objeto controvérsia idêntica à do recurso afetado como repetitivo.

§ 6º O recurso repetitivo será distribuído a um dos Ministros membros da Seção Especializada ou do Tribunal Pleno e a um Ministro revisor.

§ 7º O relator poderá solicitar, aos Tribunais Regionais do Trabalho, informações a respeito da controvérsia, a serem prestadas no prazo de 15 (quinze) dias.

§ 8º O relator poderá admitir manifestação de pessoa, órgão ou entidade com interesse na controvérsia, inclusive como assistente simples, na forma da Lei n. 5.869, de 11 de janeiro de 1973 (Código de Processo Civil).

§ 9º Recebidas as informações e, se for o caso, após cumprido o disposto no § 7º deste artigo, terá vista o Ministério Público pelo prazo de 15 (quinze) dias.

§ 10. Transcorrido o prazo para o Ministério Público e remetida cópia do relatório aos demais Ministros, o processo será incluído em pauta na Seção Especializada ou no Tribunal Pleno, devendo ser julgado com preferência sobre os demais feitos.

§ 11. Publicado o acórdão do Tribunal Superior do Trabalho, os recursos de revista sobrestados na origem:

I – Terão seguimento denegado na hipótese de o acórdão recorrido coincidir com a orientação a respeito da matéria no Tribunal Superior do Trabalho; ou

II – Serão novamente examinados pelo Tribunal de origem na hipótese de o acórdão recorrido divergir da orientação do Tribunal Superior do Trabalho a respeito da matéria.

§ 12. Na hipótese prevista no inciso II do § 11 deste artigo, mantida a decisão divergente pelo Tribunal de origem, far-se-á o exame de admissibilidade do recurso de revista.

§ 13. Caso a questão afetada e julgada sob o rito dos recursos repetitivos também contenha questão constitucional, a decisão proferida pelo Tribunal Pleno não obstará o conhecimento de eventuais recursos extraordinários sobre a questão constitucional.

§ 14. Aos recursos extraordinários interpostos perante o Tribunal Superior do Trabalho será aplicado o procedimento previsto no art. 543-B da Lei n. 5.869, de 11 de janeiro de 1973 (Código de Processo Civil), cabendo ao Presidente do Tribunal Superior do Trabalho selecionar um ou mais recursos representativos da controvérsia e encaminhá-los ao Supremo Tribunal Federal, sobrestando os demais até o pronunciamento definitivo da Corte, na forma do § 1º do art. 543-B da Lei n. 5.869, de 11 de janeiro de 1973 (Código de Processo Civil).

§ 15. O Presidente do Tribunal Superior do Trabalho poderá oficiar os Tribunais Regionais do Trabalho e os Presidentes das Turmas e da Seção Especializada do Tribunal para que suspendam os processos idênticos aos selecionados como recursos representativos da controvérsia e encaminhados ao Supremo Tribunal Federal, até o seu pronunciamento definitivo.

§ 16. A decisão firmada em recurso repetitivo não será aplicada aos casos em que se demonstrar que a situação de fato ou de direito é distinta das presentes no processo julgado sob o rito dos recursos repetitivos.

§ 17. Caberá revisão da decisão firmada em julgamento de recursos repetitivos quando se alterar a situação econômica, social ou jurídica, caso em que será respeitada a segurança jurídica das relações firmadas sob a égide da decisão anterior, podendo o Tribunal Superior do Trabalho modular os efeitos da decisão que a tenha alterado.

Art. 897. Cabe agravo, no prazo de 8 (oito) dias:

a) De petição, das decisões do Juiz ou Presidente, nas execuções;

b) De instrumento, dos despachos que denegarem a interposição de recursos.

§ 1º O agravo de petição só será recebido quando o agravante delimitar, justificadamente, as matérias e os valores impugnados, permitida a execução imediata da parte remanescente até o final, nos próprios autos ou por carta de sentença.

§ 2º O agravo de instrumento interposto contra o despacho que não receber agravo de petição não suspende a execução da sentença.

§ 3º Na hipótese da alínea *a* deste artigo, o agravo será julgado pelo próprio tribunal, presidido pela autoridade recorrida, salvo se se tratar de decisão de Juiz do Trabalho de 1ª Instância ou de Juiz de Direito, quando o julgamento competirá a uma das Turmas do Tribunal Regional a que estiver subordinado o prolator da sentença, observado o disposto no art. 679, a quem este remeterá as peças necessárias para o exame da matéria controvertida, em autos apartados, ou nos próprios autos, se tiver sido determinada a extração de carta de sentença.

§ 4º Na hipótese da alínea *b* deste artigo, o agravo será julgado pelo Tribunal que seria competente para conhecer o recurso cuja interposição foi denegada.

§ 5º Sob pena de não conhecimento, as partes promoverão a formação do instrumento do agravo de modo a possibilitar, caso provido, o imediato julgamento do recurso denegado, instruindo a petição de interposição:

I – Obrigatoriamente, com cópias da decisão agravada, da certidão da respectiva intimação, das procurações outorgadas aos advogados do agravante e do agravado, da petição inicial, da contestação, da decisão originária, do depósito recursal referente ao recurso que se pretende destrancar, da comprovação do recolhimento das custas e do depósito recursal a que se refere o § 7º do art. 899 desta Consolidação;

II – Facultativamente, com outras peças que o agravante reputar úteis ao deslinde da matéria de mérito controvertida.

§ 6º O agravado será intimado para oferecer resposta ao agravo e ao recurso principal, instruindo-a com as peças que considerar necessárias ao julgamento de ambos os recursos.

§ 7º Provido o agravo, a Turma deliberará sobre o julgamento do recurso principal, observando-se, se for o caso, daí em diante, o procedimento relativo a esse recurso.

§ 8º Quando o agravo de petição versar apenas sobre as contribuições sociais, o juiz da execução determinará a extração de cópias das peças necessárias, que serão autuadas em apartado, conforme dispõe o § 3º, parte final, e remetidas à instância superior para apreciação, após contraminuta.

Art. 897-A. Caberão embargos de declaração da sentença ou acórdão, no prazo de cinco dias, devendo seu julgamento ocorrer na primeira audiência ou sessão subsequente a sua apresentação, registrado na certidão, admitido efeito modificativo da decisão nos casos de omissão e contradição no julgado e manifesto equívoco no exame dos pressupostos extrínsecos do recurso.

§ 1º Os erros materiais poderão ser corrigidos de ofício ou a requerimento de qualquer das partes.

§ 2º Eventual efeito modificativo dos embargos de declaração somente poderá ocorrer em virtude da correção de vício na decisão embargada e desde que ouvida a parte contrária, no prazo de 5 (cinco) dias.

§ 3º Os embargos de declaração interrompem o prazo para interposição de outros recursos, por qualquer das partes, salvo quando intempestivos, irregular a representação da parte ou ausente a sua assinatura.

Art. 898. Das decisões proferidas em dissídio coletivo que afete empresa de serviço público, ou, em qualquer caso, das proferidas em revisão, poderão recorrer, além dos interessados, o Presidente do Tribunal e a Procuradoria da Justiça do Trabalho.

Art. 899. Os recursos serão interpostos por simples petição e terão efeito meramente devolutivo, salvo as exceções previstas neste Título, permitida a execução provisória até a penhora.

§ 1º Sendo a condenação de valor até 10 (dez) vezes o salário-mínimo regional, nos dissídios individuais, só será admitido o recurso, inclusive o extraordinário, mediante prévio depósito da respectiva importância. Transitada em julgado a decisão recorrida, ordenar-se-á o levantamento imediato da importância de depósito, em favor da parte vencedora, por simples despacho do juiz.

§ 2º Tratando-se de condenação de valor indeterminado, o depósito corresponderá ao que for arbitrado, para efeito de custas, pela Junta ou Juízo de Direito, até o limite de 10 (dez) vezes o salário-mínimo da região.

§ 3º (Revogado pela Lei n. 7.033, de 5.10.1982).

§ 4º O depósito recursal será feito em conta vinculada ao juízo e corrigido com os mesmos índices da poupança.

§ 5º (Revogado) (Redação dada pela Lei n. 13.467, de 2017).

§ 6º Quando o valor da condenação, ou o arbitrado para fins de custas, exceder o limite de 10 (dez) vezes o salário-mínimo da região, o depósito para fins de recursos será limitado a este valor.

§ 7º No ato de interposição do agravo de instrumento, o depósito recursal corresponderá a 50% (cinquenta por cento) do valor do depósito do recurso ao qual se pretende destrancar.

§ 8º Quando o agravo de instrumento tem a finalidade de destrancar recurso de revista que se insurge contra decisão que contraria a jurisprudência uniforme do Tribunal Superior do Trabalho, consubstanciada nas suas súmulas ou em orientação jurisprudencial, não haverá obrigatoriedade de se efetuar o depósito referido no § 7º deste artigo.

§ 9º O valor do depósito recursal será reduzido pela metade para entidades sem fins lucrativos, empregadores domésticos, microempreendedores individuais, microempresas e empresas de pequeno porte.

§ 10. São isentos do depósito recursal os beneficiários da justiça gratuita, as entidades filantrópicas e as empresas em recuperação judicial.

§ 11. O depósito recursal poderá ser substituído por fiança bancária ou seguro garantia judicial.

Art. 900. Interposto o recurso, será notificado o recorrido para oferecer as suas razões, em prazo igual ao que tiver tido o recorrente.

Art. 901. Sem prejuízo dos prazos previstos neste Capítulo, terão as partes vistas dos autos em cartório ou na secretaria.

Parágrafo único. Salvo quando estiver correndo prazo comum, aos procuradores das partes será permitido ter vista dos autos fora do cartório ou secretaria.

19. Execução trabalhista (para efeito de conhecimento)

TÍTULOS EXECUTIVOS	
JUDICIAL	**EXTRAJUDICIAL**
Decisões passadas em julgada ou, ainda, os acordos firmados na justiça.	São dois: a) O acordo feito na comissão de conciliação prévia; b) O acordo feito no termo de ajuste de conduta (TAC), o qual é feito no Ministério Público do Trabalho (MPT).
Prazo para execução: 2 (DOIS) ANOS	Prazo para execução: 2 (DOIS) ANOS
Sob pena de prescrição INTERCORRENTE (art. 11-A)	Sob pena de prescrição SUPERVENIENTE (Súmula n. 150 STF)
Competente: O juiz que fez o acordo ou que fez o julgamento.	Competente: O juiz que teria competência para o processo de conhecimento.
Legitimidade: 1. Partes; 2. Juiz ou Presidente de ofício, se as partes não tiverem advogado.	

20. Liquidação de sentença

Trata-se de uma fase declaratória, ou seja, não se pode modificar a sentença liquidanda. São três tipos:

a) Cálculo: Quando são apresentados os valores.

b) Arbitramento: Quando envolve um perito.

c) Artigos: Quando surgem fatos novos.

As partes poderão impugnar os cálculos no prazo de 8 (oito) dias. Prazo para a União se manifestar é de 10 (dez) dias. O juiz proferirá uma sentença de liquidação, para a qual:

1. Não caberá recurso, se apenas atualizou os valore;
2. Caberá Agravo de Petição, se zerou os valores, pois se trata de uma decisão terminativa de feito.

Em suma

Caso a questão use o termo "sentença de liquidação", poderemos ter duas respostas:

1ª Não cabe recurso de decisão interlocutória;

2ª Caso a sentença de liquidação ponha fim ao processo, caberá agravo de petição.

21. Execução propriamente dita

1º Ato → Expedição do mandado de penhora (art. 880, CLT)

Prazo de 48 (quarenta e oito) horas para a executada pagar ou nomear bens. Se ocorrer o bloqueio judicial, ou seja, situação em que o juiz manda bloquear as contas bancárias da empresa, caberá os seguintes recursos:

a) Embargos à execução: caso se trate de execução definitiva;

b) Mandado de segurança: caso se trate de execução provisória.

OBSERVAÇÃO:

O meio cabível para se evitar a penhora é a EXCEÇÃO DE PRÉ-EXECUTIVIDADE (Súmula n. 397).

Súmula n. 417 do TST

I – Não fere direito líquido, e certo do impetrante o ato judicial que determina penhora em dinheiro do executado para garantir crédito exequendo, pois é prioritária e obedece à gradação prevista no art. 835 do CPC de 2015. (art. 655 do CPC de 1973)

II – Havendo discordância do credor, em execução definitiva, não tem o executado direito líquido e certo a que os valores penhorados em dinheiro fiquem depositados no próprio banco, ainda que atenda aos requisitos do art. 840, I, do CPC de 2015 (art. 666, I, do CPC de 1973). (ex-OJ n. 61 da SBDI-2 – inserida em 20.9.2000)

2º Ato → Realização da penhora

A penhora é um bloqueio judicial de bens que, a princípio, é a favor do Estado. A penhora poderá ser feita pela empresa, pelo empregado ou por terceiro. Qual o recurso cabível? Depende de quem a fizer:

Empresa: Cabem Eebargos à execução (em até 5 [cinco] dias). (Se for contra a FP os embargos serão de 30 [trinta] dias).

Empregado: Cabe impugnação (em até 5 [cinco] dias).

Terceiro: Cabem embargos de terceiro (ex-sócio, ex-cônjuge ou homônimo).

BACENJUD: Bloqueio da conta da empresa (Súmula n. 417, TST). Decisão provisória: MS. Decisão definitiva: Embargos à execução.

Lembre-se de que o recurso cabível antes da penhora é a exceção de pré-executividade!

3º Ato → Audiência

Poderá ser marcada uma audiência na execução se surgirem fatos novos ou para entrarem em acordo. Testemunhas poderão ser arroladas.

4º Ato → Sentença de execução

Dessa sentença o recurso cabível é o agravo de petição para o TRT em 8 (oito) dias. Do agravo de petição caberá recuso de revista para o TST, se a matéria for constitucional, no prazo de 8 (OITO) DIAS. Se for omissa, obscura ou contraditória, caberá embargos de declaração no prazo de 5 dias. Esse tipo de embargos sempre irá interromper o prazo para recurso.

5º Ato → *Trâmites finais da execução*

O bem penhorado deverá passar por três etapas, são elas:

1ª Remição: Quando o devedor fica com o bem penhorado.

2ª Adjudicação: Quando o credor fica com o bem penhorado.

3ª Arrematação: Quando terceiros arrematam um bem em leilão. As partes deverão ser informadas sobre esse leilão por meio de edital com 20 (vinte) dias de antecedência. O arrematante deverá deixar pelo menos 20% de sinal e terá prazo de 24 (vinte e quatro) horas para pagar o valor restante.

22. Execução de prestações sucessivas (art. 890 a 892 da CLT)

Situação em que a empresa será condenada a pagar todo mês um determinado valor, que poderá ser por prazo:

Determinado: Caso em que todas as parcelas podem ser executadas (vencidas e vincendas).

Indeterminado: Trata-se de uma prestação vitalícia e, nesse caso, só poderá executar as parcelas vencidas.

23. Legislação sobre o tema

Art. 876. As decisões passadas em julgado ou das quais não tenha havido recurso com efeito suspensivo; os acordos, quando não cumpridos; os termos de ajuste de conduta firmados perante o Ministério Público do Trabalho e os termos de conciliação firmados perante as Comissões de Conciliação Prévia serão executados pela forma estabelecida neste Capítulo.

Parágrafo único. A Justiça do Trabalho executará, de ofício, as contribuições sociais previstas na alínea *a* do inciso I e no inciso II do *caput* do art. 195 da Constituição Federal, e seus acréscimos legais, relativas ao objeto da condenação constante das sentenças que proferir e dos acordos que homologar.

Art. 877. É competente para a execução das decisões o Juiz ou Presidente do Tribunal que tiver conciliado ou julgado originariamente o dissídio.

Art. 877-A. É competente para a execução de título executivo extrajudicial o juiz que teria competência para o processo de conhecimento relativo à matéria.

Art. 878. A execução será promovida pelas partes, permitida a execução de ofício pelo juiz ou pelo Presidente do Tribunal apenas nos casos em que as partes não estiverem representadas por advogado.

Art. 878-A. Faculta-se ao devedor o pagamento imediato da parte que entender devida à Previdência Social, sem prejuízo da cobrança de eventuais diferenças encontradas na execução *ex-officio*.

Art. 879. Sendo ilíquida a sentença exequenda, ordenar-se-á, previamente, a sua liquidação, que poderá ser feita por cálculo, por arbitramento ou por artigos.

§ 1º Na liquidação, não se poderá modificar, ou inovar, a sentença liquidanda, nem discutir matéria pertinente à causa principal.

§ 1º-A. A liquidação abrangerá, também, o cálculo das contribuições previdenciárias devidas.

§ 1º-B. As partes deverão ser previamente intimadas para a apresentação do cálculo de liquidação, inclusive da contribuição previdenciária incidente.

§ 2º Elaborada a conta e tornada líquida, o juízo deverá abrir às partes prazo comum de oito dias para impugnação fundamentada com a indicação dos itens e valores objeto da discordância, sob pena de preclusão.

§ 3º Elaborada a conta pela parte ou pelos órgãos auxiliares da Justiça do Trabalho, o juiz procederá à intimação da União para manifestação, no prazo de 10 (dez) dias, sob pena de preclusão.

§ 4º A atualização do crédito devido à Previdência Social observará os critérios estabelecidos na legislação previdenciária.

§ 5º O Ministro de Estado da Fazenda poderá, mediante ato fundamentado, dispensar a manifestação da União quando o valor total das verbas que integram o salário de contribuição, na forma do art. 28 da Lei n. 8.212, de 24 de julho de 1991, ocasionar perda de escala decorrente da atuação do órgão jurídico.

§ 6º Tratando-se de cálculos de liquidação complexos, o juiz poderá nomear perito para a elaboração e fixará, depois da conclusão do trabalho, o valor dos respectivos honorários com observância, entre outros, dos critérios de razoabilidade e proporcionalidade.

§ 7º A atualização dos créditos decorrentes de condenação judicial será feita pela Taxa Referencial (TR), divulgada pelo Banco Central do Brasil, conforme a Lei n. 8.177, de 1º de março de 1991.

Referências Bibliográficas

DONIZETTI, Elpídio. *Curso didático de direito processual civil.* 19. ed. São Paulo: Altas, 2016.

MANUS, Pedro Paulo Teixeira; ROMAR, Carla Teresa Martins. *CLT e legislação complementar em vigor*. 7. ed. verificada e atualizada até 16.12.2008. São Paulo: Atlas, 2009.

MARTINS, Sérgio Pinto. *Direito do trabalho*. 25. ed. São Paulo: Atlas, 2009.

______. *Direito processual do trabalho*. 35. ed. São Paulo: Atlas, 2014.

NASCIMENTO, Amauri Mascaro. *Curso de direito do trabalho:* história e teoria geral do direito do trabalho: relações individuais e coletivas do trabalho. 22. ed. rev. e atual. São Paulo: Saraiva, 2007.

PRETTI, Gleibe. *CLT comentada*. 2. ed. São Paulo: Ícone, 2016.

SILVA, Bruno Freire e. *O novo CPC e o processo do trabalho I:* parte geral. 1. ed. São Paulo: LTr, 2015.